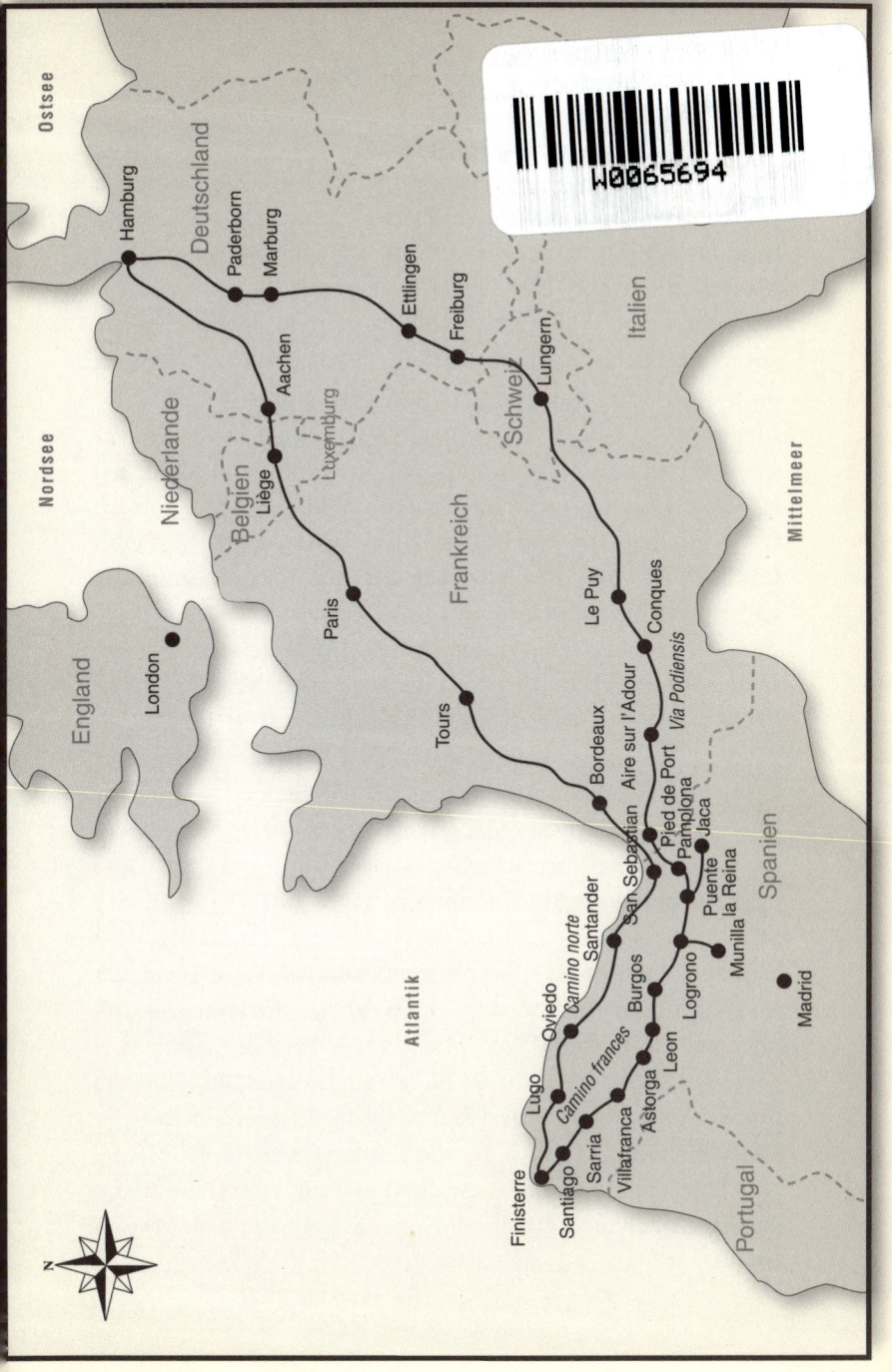

Kapitel 1: Von Hamburg nach Paderborn

Pilgerreise oder Luxus? Glaube oder Abenteuerlust? Wer kann das entscheiden? Zumal diese Reise gerade heute begonnen hat. In zehnfacher Pilgergeschwindigkeit bin ich heute 290 Kilometer vorangekommen – von Hamburg nach Paderborn. Das Motorrad lief gut. Das Gepäck saß optimal. Alles wie gewünscht, erdacht und erhofft. Selbst das April-Wetter spielte am ersten Tag harmonische Akkorde. Erst als ich in Paderborn nach dem Weg fragte, fing es an zu regnen. Da war die erste Etappe aber schon im Trockenen. Von 13.00 bis 18.00 Uhr war ich unterwegs – zuerst wählte ich die Autobahn, denn ich wollte erst einmal los. Ganz ruhig mit 90 bis 100 km/h glitt ich rechts mit den Lkw und fuhr mich ein. Warm-up. Wie sitzt das Gepäck? Wie sind die Geräusche des Motorrades? Läuft alles wie geplant beziehungsweise vorausgedacht?

Auch ich muss mich erst einfahren. Da die letzten Tage extrem viel Arbeit bedeuteten, kam ich erst heute Vormittag zum Packen. Aber es war alles schon im Kopf. Deshalb ging es zügig und trotzdem entspannt zwischen Kaffee trinken auf der Terrasse, den Katzen Adieu sagen und sie ein letztes Mal liebkosen. Dann die letzten Mails, Anrufbeantworter neu besprechen und ab die Post beziehungsweise Tür zu und los. Was jetzt zurückbleibt, bleibt zurück und kann nicht auf der Strecke bleiben.

Ich reise nur mit Gepäckrolle und Tankrucksack. Trotzdem sind Schlafsack und Sportklamotten dabei, denn immerhin soll oder will ich in fünf Tagen Marathon in Freiburg laufen. Einerseits fordert mich dieses Langlaufspektakel, andererseits motiviert mich das Lauferlebnis, regelmäßig zu trainieren. Es ist das erste Mal, dass ich zwei Marathons in einem Jahr laufe.

Wiederum dürfte mir dieses Laufpensum zum Beweis dienen, dass mich nicht Lauffaulheit zur Pilgerei mit dem Motorrad zwingt. Das Vorhaben einer 7.000-Kilometer-Motorrad-tour nach Nordspanien mit einer kleinen Enduro entspringt keinem Mangel an Bewegungsfreudigkeit, sondern im Gegenteil der Vertiefung neuer Erkenntnisse und Erfahrungen, die ich schon während mehrerer Touren auf dem rund 800 Kilometer langen traditionellen Jakobsweg zu Fuß gesammelt habe. Jetzt möchte ich die Zubringerstrecken kennen lernen und die Sehenswürdigkeiten des Pilgerpfades links und rechts der Strecke erkunden. Deshalb ist neben einer Landkarte auch ein Reiseführer Nordspaniens dabei.

Obwohl ich auf meinem Motorrad mit zehnfacher Pilgergeschwindigkeit durch Gottes Schöpfung brause, pflege ich einen Pilger-Tagesrhythmus. Das heißt, morgens aufpäppeln, Sachen packen, spätestens gegen 9.00 Uhr ist Abfahrt. Dann ist die Fortbewegung die Tageslast. Am Nachmittag schaue ich langsam nach einem Ort für das Nachtquartier. Ist es gefunden, heißt es auspacken, Kräfte sammeln, Tagebuch schreiben und eine Route für den folgenden Tag planen. Essen, Körper- und Wäschepflege sowie Pflege beziehungsweise Check der Technik, denn meine *Kanonenkugel* will auch bedacht sein. Es läuft nur rund, wenn alles seinen Pass hat. Der Biker sagt gemeinhin: „Nur wer gut schmiert, der gut fährt!"

„Alles hat seine Zeit", zitiere ich den Prediger aus der Bibel und pflege tagtäglich das Motorrad, meinen Körper und meine Seele. Das ist Voraussetzung und gleichzeitig auch Ziel dieser Pilgerreise. Kann das sein? Ja, Anfang und Ende sind Start und Ziel, das heißt, sie fallen zusammen. In jedem Ende steckt ein neuer Anfang. In jedem Tod ruht neues Leben, und am Ende des Jakobsweges in Santiago de Compostela fängt dein persönlicher *Camino*, wie der christliche Pilgerpfad in Spanien genannt wird, erst an. Jedenfalls behaupten das viele Pilger, die diesen Weg gegangen sind.

Es wäre nicht das erste Mal, dass unser lineares Denken

einen Bogen schlägt und uns überraschend von hinten kalt erwischt. Sowohl die Physik als auch die Biologie werden immer zurückhaltender, weil nicht nur bei Möbelherstellern mehrere Möglichkeiten entdeckt werden können. Die naturwissenschaftlichen Sicherheiten der vergangenen Jahrzehnte und Jahrhunderte sind vorbei. Zum Glück für die Wissenschaft. Denn sie verlor ihre Glaubwürdigkeit, indem sie, grenzenlos geworden, selbst zum Objekt ihrer Begierde wurde. Grenzenlosigkeit tut keinem gut – weder dem Menschen noch der Wissenschaft. Ein Rahmen bringt Stabilität, wie beim Zweirad, dann kann die Freiheit umgesetzt werden. Gute Rahmenbedingungen sind alles.

Ich schreibe meine Aufzeichnungen übrigens in meine Reisebibel hinein, denn einerseits will ich Gewicht sparen, und andererseits habe ich meine Bibel noch nie auf einer Motorradtour verloren. Die Angstvorstellung, ich schreibe ein Buch und lasse die Aufzeichnungen irgendwo liegen, haben mich zu dieser Lösung gebracht. So entsteht nun ein modernes Palimpsest, eine Manuskriptseite, wie sie im Mittelalter und in der Antike häufig vorkam. Damals allerdings nicht aus gewichtsperfektionierter Verlustangst wie bei mir, sondern aus Mangel an verfügbarer Schreibware. Ich lese in der Bibel, und wenn ich meine Gedanken festschreiben möchte, drehe ich sie um, greife zum Stift und schreibe zwischen die Zeilen. Im Laufe der Reise entsteht so das Buch im Buch der Bücher.

Kapitel 2: Von Paderborn nach Marburg

Die Rahmenbedingungen stimmen. Hier in der Jugendherberge steht mein Motorrad sogar in der Garage. Das nenne ich Service.

Ich bin heute ganz gemütlich auf Landstraßen 140 Kilometer gefahren. Trotzdem wurde mir kalt. Es herrschten sechs Grad Celsius und Nieselregen. Marburg kam zur rechten Zeit. Etwas gegessen, dann zum Quartier. Jetzt liege ich auf dem Bett meines Zimmers und genieße die Mittagsstunde. Irgendwie kann ich die Pause gebrauchen, denn ich scheine mich umstellen zu müssen. Diese Reise hat einen anderen Rhythmus als der Alltag. Darauf muss ich mich erst einstellen. Sozusagen Neueinstellung. Wie mein Motorrad. Wurde das Zweirad sonst im Gelände benutzt, brauchte es für diese Reise ein ganz anderes Set-up: „Wie der Herr, so das Gescherr."

Außerdem ist meine Erfahrung, dass am Anfang einer Reise immer eine Umstellungsphase kommt. Nach der Vorphase mit Planungsintensität, aber auch Umsetzungsangst, folgt die Phase der Entscheidung und des Aufbruchs. Danach – und diese Stille scheine ich gerade zu erfahren – offenbart sich der Alltagszustand. Das heißt, Körper und Geist offenbaren die Erschöpfung. Der Alltag hinterlässt Spuren beziehungsweise raubt die Kräfte. Nun müssen neue Kraftquellen angezapft oder alte aufgetankt werden. Jedenfalls ist kommodes Verhalten gut, denn sonst kommt der Überlastungsschaden, der zur Pause zwingt. Deshalb sind die heutigen 140 Kilometer gefühlt viel mehr, psychologisch betrachtet.

Gleiche Überlegungen gestalten auch diese Woche vor dem Marathon. Da ich am Sonntag laufen will, wird diese Woche nur der Bewegungsapparat geschult. Montag 20 Kilometer. Heute ein gemütlicher 10er, am Samstag nur 30 Minuten, das sind fünf Kilometer. Am Sonntag müssen alle Reserven aktiviert werden, um die 42,2 Kilometer zu schaffen. Wehe, wenn ein Speicher nicht voll ist. Dann kommt der Hammer. Jedenfalls kommt er zu früh, denn am Ende erwischt es jeden Marathoni. Dafür ist die Strecke zu lang. Langstreckentauglichkeit ist nicht jedem gegeben – egal ob Mensch oder Maschine.

Die BMW-Enduro muss nun ihre Reisetauglichkeit beweisen. Bis jetzt läuft sie gut. Ich staune, wie ruhig die hohe, bepackte Enduro über die Autobahn flitzt. Selbst bei 130 km/h zieht sie, wenn ich am Griff drehe, noch flott voran. Die Zeiten des Anschleichens und Überholens im Windschatten scheinen mit den modernen Motoren vorbei zu sein. Sie drehen gleichbleibend kräftig hoch, um erst durch den Begrenzer gestoppt zu werden. Der Motor lässt sich schon ab Standgasdrehzahl angenehm fahren, was Vertrauen erweckt, leider aber auch den gewaltigen *Bumms* der alten ruppigen Eintöpfe vermissen lässt. Der moderne Einzylinder schiebt kontinuierlich und beharrlich nach vorn.

Das Fahrwerk ist vertrauenerweckend stabil. Keinerlei Pendelbewegungen, obwohl das hohe Vorderradschutzblech aus Kunststoff mächtig wackelt. Was der Wackel-Dackel im VW Käfer war, ist bei mir die Vorderpartie. Die Hände werden von diesen Vibrationen glücklicherweise verschont, sodass selbst nach Stunden das Gepäck ohne taube Hände abgenommen werden kann.

Soll er lange halten, muss man einen Einzylinder artgerecht bewegen. Das heißt, Drehzahlorgien sind tabu. Obwohl das Drehzahlniveau aktueller Motoren im Vergleich zu den alten langhubigen Singles deutlich höher ausfällt.

Erste große Erkenntnis dieser Reise: Bestandsaufnahme durchführen und im Rahmen der Möglichkeiten agieren. Dazu bedarf es eines guten Lehrers oder Trainers, einer guten Eigenwahrnehmung und einer artgerechten Haltung des Motorrades. Bei unrealistischer Handhabung ist der Unfall vorprogrammiert. Das ist im Leben so – egal ob mit oder ohne Zweirad. Man kann zwar schneller leben und fahren, dann aber auch mit größerem Verschleiß und Risiko.

Mein Herbergsvater erzählte mir heute Morgen, dass er

auch ein Motorrad hatte. Allerdings nur bis zum Zeitpunkt, als ein Auto aus dem Gegenverkehr auf der Landstraße links abbog und ihn übersah. Ein Jahr Krankenhaus, um alles in Ruhe wieder zusammenwachsen zu lassen. Er hatte keine Möglichkeit zu reagieren. Er wurde einfach nicht gesehen.

Ein Phänomen, das öfter passiert. Da fragt man sich, woran die Leute im Straßenverkehr so denken? Ans Fahren sicherlich nicht. Angesichts unserer jährlichen Unfallzahlen sind wir eine Risikogesellschaft. Obwohl statistisch gesehen die Möglichkeit für Männer, an Prostatakrebs zu sterben, zwölfmal höher sein soll als der Tod mit dem Motorrad. Das beruhigt allerdings keine Ehefrau. Auch nicht die des Herbergsvaters, die ihm nun das Motorradfahren untersagt. Immerhin hat er Familie.

Dieses Entweder-Oder ist für Biker ein Zwiespalt des reifen Alters. Die Wahl zwischen Familie oder Motorrad fällt meist zugunsten der Gruppe. Das Individuum stellt sich zurück. Auch wenn mit jedem Frühling alte Zweiradgefühle hochkommen.

Leichter ist es, wenn die Abwägungen wertneutral gelingen. Ein Mann, der am Ende nur noch mit Bier vor dem Fernseher sitzt, um sich risikoreicheres Leben in der Ferne anzusehen, ist eher im roten Bereich als in der Bewegung. Es schockt mich sehr, wenn ich sehe, wie dick und ungelenk Männer mittleren Alters sind, ebenso bedenklich ist die Häufigkeit von Herzinfarkten in dieser Altersgruppe.

Da möchte ich doch das Risiko abwägen und fahre lieber Motorrad und laufe Marathon. Am Ende sind wir beide mit Sicherheit gestorben. Fragt sich nur: Wer hatte auch ein Leben vor dem Tod? Wobei – wie schon erwähnt – das Risiko ausgewogen sein und realitätsbewusst umgesetzt werden sollte. An dieser Stelle scheint es mir wichtig, noch etwas über (Ehe-) Frauen zu schreiben. Ihr Veto kann ich verstehen. Viele Männer haben sich nicht im Griff und können der Frau an ihrer Seite dankbar sein für die realistische Einschätzung. Doch sollte der Wunsch des Mannes nach einem Motorrad ernst genommen werden. Aufgeschoben ja, aber aufgehoben nein.

Denn die Gefahr einer Übersprungshandlung ist groß. Irgendwohin müssen ja unsere Sehnsüchte und Wünsche. Keiner von uns kann sie begraben – auch nicht auf Wunsch einer liebenden Frau. Dazu ist der Mensch viel zu sehr Individuum. Die Leidenschaft des Motorradfahrens ist dabei nur eine von vielen Möglichkeiten. Das Phänomen der Abwägungen von Interessen betrifft – so glaube ich – jede und jeden, Mann oder Frau. Umso besser, wenn wir im Gespräch mit uns selbst und der Familie bleiben.

Kapitel 3: Von Marburg nach Ettlingen

Bevor ich weiter auf Tour *gehe* (!) einige Anmerkungen zu den Herbergen. Die hier in Marburg habe ich ja schon lobend erwähnt. In der Nacht allerdings kamen die versteckten Nebenwirkungen: Ein ständiger Brummton beherrschte das Zimmer. Da halfen nur Ohrenstöpsel. Welch eine Erfindung! Damit war der Schlaf gerettet. Dafür hörte ich den Wecker nicht. „Man muss ja nicht alles hören", sagte schon meine Oma. Zum Glück wurde ich rechtzeitig wach und konnte ein Standardfrühstück einnehmen. Heute ohne Brötchen, da ein Müsli reicht, denn ich bin noch vom gestrigen Auflauf am Abend satt. Da ich mich nur zweitrangig an Essenszeiten halte, sondern zuerst auf meinen Hunger achte, ist mir eine gewisse rundliche Körperform, wie sie von vielen Deutschen getragen wird, erspart geblieben. Meine Krankenkasse freut sich – und ich mich auch.

Nichtsdestotrotz ist heute nicht die große Euphorie da. Der Körper wirkt etwas unausgeschlafen. Sollten meine zehn Kilometer am gestrigen Nachmittag zu viel gewesen sein? Vielleicht ist es auch Motorradentzug? Bikes haben Suchtkapital. Es ist halt nicht jeder Tag wie der andere, und die Herbergen sind sehr unterschiedlich.

Wie beim Pilgern zu Fuß übrigens auch. Auf dem Jakobsweg weiß ich nicht, was mehr Kraft kostet: das Wandern oder die Übernachtung im *Refugio*, wo die Pilger einfach und günstig übernachten können? Daher kann ich jeden verstehen, der wie Hape Kerkeling ab und zu ein Privatquartier anstrebt. Doch haben die Refugios durchaus ihren eigenen Charme – egal, ob es raschelt oder schnarcht. Es ist eine Frage der sozialen Einstellung, denn hier herrscht Volksatmosphäre. Hier ist der Mensch das Maß und nicht der Anspruch auf Luxus. Wobei Letzteres ab und zu ganz erholsam sein kann. Meine kommende Übernachtung wird beides haben: Private Familienatmosphäre, da ich nahe Karlsruhe bei Freunden übernachte. Bis dorthin geht es über Gießen, Mainz und Speyer auf der Suche nach den Spuren des Apostels Jakobus.

Ich fahre möglichst auf Landstraßen. Das tut mir und der Maschine gut. Viele Erinnerungen kommen hoch, da ich diese Gegend als Student oft unter die Räder nahm. Damals besaß ich eine BMW R 75/6. Den Fahrstuhl. Wollte ich sehen, wie viele Menschen im Omnibus saßen, gab ich Gas, die Maschine hob sich aus den Federn, und ich war auf Augenhöhe mit dem Busfahrer. Kam die Ampel und ich bremste, sackte die BMW zusammen, und ich war auf Augenhöhe mit dem Cabriofahrer. Aufgrund dieser Eigenart entstand der Name *Gummikuh*.

Der BMW folgte eine Yamaha Ténéré, die meine Sympathie für Einzylindermotoren weckte. Die Ténéré besaß denselben Kultstatus wie die BMW. Meine jetzige BMW Xchallenge ist quasi eine moderne Nachfolgerin der Yamaha, alleine der imposante große Tank fehlt.

In Ettlingen keine Herberge, sondern Privatquartier. Etwas ab von der traditionellen Pilgerroute besuche ich sehr gastfreundliche Menschen. Den einen kenne ich schon aus der Zeit im Gymnasium. Schön, dass sich der Kontakt gehalten hat. Es ist der einzige. Ich nutze die Möglichkeit, mit der Waschmaschine ein Bündel Wäsche zu waschen. Hauptsächlich die Sportklamotten. Nicht nur weil ich gestern Nachmittag kurz unterwegs gewesen bin, sondern auch weil nicht alles frisch gewaschen mit *on tour* ging. Ich bin tatsächlich mit wenig los, und nicht alles war sauber. Das kommt selten vor, war aber diesmal so. Ansonsten scheint das Minimalgepäck zu reichen. Auch wenn ich heute alle dicken Sachen angezogen habe, weil mir ziemlich kalt wurde.

Der April auf dem Motorrad ist nicht immer Sonnenschein. Im Gegensatz zum Pilgern zu Fuß friert man während der Fortbewegung auf dem Zweirad öfter. Beim Wandern ist man eher in Bewegung und schwitzt. Hier werden dann die Pausen schwierig, weil man auskühlt. Auf dem Motorrad hingegen kühlt aufgrund der erhöhten Pilgergeschwindigkeit der Fahrtwind kräftig aus. Ich bin am Nachmittag ebenso erschöpft wie nach einer Tageseinheit zu Fuß.

Die Herausforderungen liegen woanders: Nicht die Füße sind wund, sondern der Nacken ist verspannt. Mental ist die Erschöpfung größer, da die Bewegung mit dem Einspurfahrzeug viel Gefühl erfordert. Ich muss nicht nur Schilder und Hinweise lesen, sondern auch noch Spur halten, um nicht auf die Nase zu fallen. Nebenbei bemerkt ist mir solches heute widerfahren: Mein Freund parkte mich auf der Wiese im Garten. Aber der Untergrund war so weich, dass die Maschine umfiel, da der Ständer einsank. Ich konnte sie nicht mehr halten und nur noch abrollen. Jetzt ist der Kupplungsgriff einen Zentimeter kürzer, da die Sollbruchstelle das tat, was ihr konstruktiv verordnet wurde. Die Originalhebellänge war ohnehin zu lang.

Beim Endurofahren sollten die Hebel kürzer sein. Hier könnte man die BMW noch verfeinern. An dieser Stelle merkt man ihre Straßengene. Immerhin gibt es die X 650 in drei Varianten – da müssen Kompromisse sein, wie man sieht.

Die BMW läuft wie am Schnürchen. Der Verbrauch liegt bei sensationellen 3,5 bis 3,9 Litern bei Geschwindigkeiten zwischen 80 und 110 km/h. Das ist für ein Motorrad supergünstig, denn so ein Zweirad hat ja keinen guten CW-Wert. Das Motorrad vielleicht noch, aber der Fahrer weniger. Bei ihm ist unter anderem die Kleidung ausschlaggebend. Mein Enduroanzug ist da nicht so günstig wie eine *Rennpelle*, dafür bequemer und regenfest, was beim Pilgern auf zwei Rädern angenehm ist.

Meine Geschwindigkeit ist im Vergleich zum Fußmarsch zwar sehr hoch, für einen Sportfahrer jedoch eher etwas zum Warmfahren. Sportmotorräder schaffen locker 250 km/h und beschleunigen auf 100 km/h in weniger als drei Sekunden. Selbst meine Enduro ist von null auf hundert so schnell wie ein Sportwagen. Das unterschätzen viele Autofahrer und versuchen einen Ampelspurt, weil sie glauben, ein Auto mit 150 PS könnte schneller sein. Aber gerade die Beschleunigung ist die Paradedisziplin des Motorrads. Neue Automodelle sind in der Endgeschwindigkeit wohl näher herangekommen, aber kaum ein Auto beschleunigt so schnell wie ein Zweirad. Also liebe Leser, sollten Sie im Auto sitzen, geben Sie dem Motorradfahrer an der Ampel ruhig den Vortritt! Für ihn ist Ihr Auto das, was für Sie ein Lkw ist. Das sollte jeder Verkehrsteilnehmer wissen, dann gibt es weniger Stress, weil man sich besser versteht.

Gut zu wissen ist auch, dass so ein Biker auf Luftkühlung ausgelegt ist. Deshalb ist es nicht Arroganz, sondern Selbsterhaltungstrieb, wenn er im Stau vorbeifährt. Wie ein ungekühlter Motor überkocht, würde auch der Mensch auf der Maschine vor Hitze umkommen. Wenn nicht, erfriert er auf der Fahrt. Die moderne Fahrerkleidung ist zwar gut, kann aber dieses Spezifikum nicht annullieren. Alles betriebsbedingt und keine böse Absicht.

Ein weiterer Unterschied zum Auto zeigt sich im kurzen Bremsweg. Weniger Masse kann schneller abgefangen werden. Dieser Vorteil entfällt bei Regen. Denn hier verändern sich mit der Feuchtigkeit die Parameter beim Motorrad was Haftung und Stabilität angeht. Ebenso beim Menschen, der üblicherweise verängstigt reagiert. Wenn man nicht gerade Engländer und immer bei Nässe unterwegs ist, reagiert man als Mitteleuropäer verkrampft auf Regenfahrten. Hier zeigt sich dann der Vielfahrer. Viele Fahrkilometer schaffen einfach ein größeres Erfahrungsspektrum. Allerdings steigt mit jedem gefahrenen Kilometer auch die Unfallgefahr – das ist Statistik.

Kapitel 4: Von Ettlingen nach Freiburg

Jetzt bin ich in Freiburg. Fuhr heute Morgen um 10.00 Uhr in Ettlingen los und war mittags in Straßburg. Schöne Stadt, zumindest im alten Stadtkern. Das Münster ist beeindruckend. Auch die vielen alten Fachwerkhäuser. Die Altstadt hat einen sehr französischen Charme. Das Drumherum ist eher modern, erinnert mich etwas an Ostberlin zur DDR-Zeit. Wahrscheinlich wegen der Andersartigkeit.

Um 14.00 Uhr war ich dann in Freiburg. Beim BMW-Händler schnell einen neuen Kupplungshebel besorgt, dann weiter zur DJH. Die liegt ziemlich außerhalb beim Stadion. Das ist gut zum Laufen. Heute nur 35 Minuten. Danach Nudel-Abendessen. Jetzt bin ich ganz schön müde. Irgendwie auch latent traurig. Vierter Tag. Einerseits kommt die Entspannung, andererseits das Einsamkeitsgefühl. Muss erst noch einen Tour-Alltags-Rhythmus bekommen. Meine Frau, unsere Katzen und die vertraute Umgebung fehlen, und das scheint mich etwas zu destabilisieren. Also erst mal schlafen und dann schauen, was morgen kommt.

Nun liege ich im Bett, und morgen ist der große Tag. 42 Kilometer Marathon. Die Wettervorhersagen sind unterschiedlich. Regen, teilweise Sonnenschein. Und ich hatte gehofft, das norddeutsche Wetter sei nicht im Gepäck. Aber das ist wie beim Pilgern oder Motorradfahren: Es gibt kein schlechtes Wetter, es gibt nur schlechte Kleidung.

Die Sporttüte ist prallvoll. Alles dabei, morgen Früh muss ich entscheiden, mit welcher Ausstattung ich den Lauf bestehen will. Einmal gestartet, gibt es kein Zurück. Dann heißt es: Mit dem was da ist leben lernen. Nach vier bis fünf Stunden kommt die Erlösung. Danach ist sowieso alles egal. Schlimm sind eigentlich nur die letzten zehn Kilometer.

Wie eingangs erwähnt, gibt es sowieso nur Anfang und Ende. „Ist der Anfang gemacht, ist die Hälfte geschafft", sagt das Sprichwort. Es sagt auch: „Kurz vor dem Ziel hat man die Hälfte noch vor sich." Das bedeutet, dazwischen läuft's. Anscheinend ist bei uns Menschen das Losgehen von großer Bedeutung und somit ein enormer Kraftaufwand. Danach brauchen wir noch einmal für das Zuendebringen großen Mut.

Im Studium erlebte ich letztere Variante öfter, weil ich vielen Menschen begegnete, die am Ende des Studiums abbrachen. Irgendwie war die Luft raus. Wie beim Marathon, wenn der *Hammer* kommt. Wer zu früh falsch gelaufen ist, dem werden am Ende die Kräfte ausgehen. Ich habe schon beim Laufen echte Helden streiken sehen. Wer am Anfang noch euphorisch davonpreschte, konnte am Ende oft nur klein beidrehen. *Ganz oder gar nicht* gilt besonders beim Marathon als tödlich. Denn schon am Anfang heißt es Ruhe bewahren und seine Gangart laufen. Sonst holt einen am Ende das Putzfahrzeug ein, mit dem die offizielle Veranstaltung zu Ende ist.

Gute Selbsteinschätzung und Besonnenheit sind neben Fleiß und Ausdauer für Marathonis wichtige Voraussetzungen. Und selbst bei diesen Tugenden kann eine Tagesform Verwirrung stiften. Wenn es nicht persönliche Bedenken sind, so sind es die Kapriolen des Wetters. Die Aufregung am Tag davor ist ebenfalls immer spürbar. Aber das gehört wohl zur Herausforderung – womit wir beim Anfang wären.

Die Vorstellung, 42 Kilometer oder vier bis fünf Stunden zu laufen, schreckt erst einmal ab. Das ist kein Wunder, denn statistisch gesehen sollen wir uns täglich nicht einmal einen Kilometer zu Fuß fortbewegen. Wenn ich meine und die meiner Mitläufer getätigten Laufkilometer dagegenhalte, sieht es für viele ganz mau aus, ihr Körper macht nicht mehr das, wozu er gebaut ist. Mit einem Auto würde ja auch keiner ein Wohnzimmer dekorieren. Und wenn er es täte, würde dieses Fahrzeug nach kürzester Zeit nicht mehr funktionstüchtig sein. Durch die artfremde Haltung des Nichtbewegens rostet beziehungsweise altert das Mobil, das ja fürs *Laufen* hergestellt wurde. Die Liebhaber von Oldtimern können davon detaillierter berichten.

Der Mensch ist zum Laufen konzipiert. Tut er es nicht, sind Defekte aller Art und entsprechend viele *Werkstattbesuche* programmiert. Unsere Krankenkassen sind nicht pleite, weil wir gehen, sondern weil wir zu viel sitzen.

Das Problem des Anfangens ist besonders groß, wie ja das Sprichwort sagt, weil eine Veränderung der Gewohnheiten angeregt wird. Und das ist eine größere Anstrengung, als wenn eine Entscheidung ungehört bliebe. Der erste Satz einer Hausarbeit ist oft die halbe Miete. Auch hier wird der Anfang als Kraftaufwand beschrieben. Von daher kann ich nur jedem und jeder für den Anfang und das Ende die notwendige Kraft wünschen. Und beruhigend hinzufügen: Sind die ersten Schritte getan, ist es bis vor das Ziel ein schönes, angenehmes Erlebnis. Genieße das Leben – und den Lauf. Buen Camino, wie die Pilger in Spanien sagen.

Sonntagsmarathon. In einer halben Stunde ist Abfahrt zum Startplatz. Das Frühstück heute Morgen glich einer gefühlten Henkersmahlzeit. So richtig wollte kein Appetit aufkommen. Die Gedanken und Gefühle kreisen ums Großereignis. Schon in der Nacht habe ich viel geträumt und bin oft aufgewacht. Das entspricht den Symptomen einer Prüfungssituation – obwohl der Lauf freiwillig ist. Nichts und niemand zwingt mich dazu. Warum mache ich das also? Ich denke, heute Abend sind die Beine schwer genug, um einmal darüber ein paar Gedanken aufzuzeichnen. Im Moment nehme ich es mir jedenfalls vor. Der Plan: Ganz ruhig laufen. Freiburg im Laufen genießen und Spaß haben am Leben, an der Bewegung und den Menschen drumherum. Buen Marathon.

Kapitel 5: Von Freiburg nach Lungern/Einsiedeln

Packe jetzt die Sachen, um in die Schweiz zu fahren. Der gestrige Marathon ist noch in mir, aber ich gehe schon wieder ganz geschmeidig. Nach vier Stunden und fünfunddreißig Minuten wurde ich erlöst. Am Abend war ich noch kurz mit dem Motorrad in der Stadt, um etwas zu essen. Das war ein komisches Gefühl. Nachdem ich vormittags ausreichend Bewegung hatte, bekam ich am Abend kaum noch das Bein über die hohe Endurositzbank. Doch ich war froh, nicht zu Fuß in die City marschieren zu müssen. Nach dem Essen war ich zwar gestärkt, aber ungemein müde. Mit dem Motorrad tuckerte ich zufrieden Richtung Stadtrand zur Herberge. Ich wollte nur noch ins Bett. Der Pilgertag war im wahrsten Sinne des Wortes *gelaufen*.

Jetzt freue ich mich auf die Tour in die Berge, auch wenn es kalt ist und es ab und zu leicht schneit. Aber meistens kommt die Sonne durch. Ich plane, einen oder zwei Reisetage in Lungern zu bleiben, um mich zu erholen. Das Dorf liegt in einer wunderschönen Region, und es gibt dort viele nette Menschen. Pilger, was willst du mehr?

Nun bin ich eine Woche unterwegs. 1.100 Kilometer Reise liegen hinter mir. Das ist fast sechsfache Pilgergeschwindigkeit. Meinem Zweirad sei Dank. Normalerweise wäre ich jetzt am Ende einer Reise zu Fuß, denn 1.100 Kilometer in fünf Wochen – diese Strecke wäre eine Pilgerhöchstleistung.

Hier in den Alpen liegt noch Schnee. In einigen schattigen Stellen überraschte die BMW und mich sogar Schneematsch. Vor dem Pastorat meines Kollegen gab es noch Stellen mit festgefahrenem Schnee und einer Eisdecke. Da kommt mit einem Einspurfahrzeug glatt Freude auf. Also Vorsicht!

Habe auf der Fahrt heute ziemlich gefroren, und auch als die Sonne endlich durchkam, war nichts mehr zu retten. Die Luftkühlung auf dem Motorrad hatte mich als Fahrer schon zu sehr ausgekühlt. Hinzu kam die Verausgabung von gestern. Ich war jedenfalls froh, früh nachmittags hier zu sein. 240 Kilometer Tagesetappe reichten mir heute.

Die Autobahn stand auf dem Programm. Deshalb klebt auf der Enduro jetzt eine Vignette, die es mir erlaubt, in der Schweiz diese Schnellstraßen zu benutzen. Angesichts meiner Kraftlosigkeit und des Schnees in den Alpen ersparte ich mir Exkursionen über die Landstraßen. Safety first.

Für einen norddeutschen Flachlandbiker sind diese Berge faszinierend. Die höchste Erhebung Schleswig-Holsteins misst gerade mal 165 Meter. Zwar gibt es auch dort im Winter einen

Skilift, aber die Berge der Schweiz sind doch ein anderer Schnack. Ich fahre gerne hierher. Besonders mit dem Motorrad und noch viel lieber im Sommer.

Jetzt sitze ich im Pfarrgarten, die Sonne scheint und wärmt mich im windgeschützten Eck. Die Waschmaschine bewegt gerade alle Klamotten durchs Seifenbad, sodass die gleiche Nachmittags-Ziel-Atmosphäre herrscht wie beim Pilgern zu Fuß.

Da hierbei das Mitnehmen von Gepäck aufs Äußerste reduziert ist, ergibt sich ein fester Ritus. Am Ziel des Tages angelangt, wird sowohl sich selbst als auch die Kleidung gewaschen. Dann wird ausgeruht, Tagebuch geschrieben, gelesen oder geschlafen. Nach dieser Einheit des Relaxens kommt die Speisung. Ganz wichtig. Die Nahrungsaufnahme wird wieder ein Akt der Gemeinschaft und der sozialen Würdigung. Sowohl der Speise als auch den Mitessern wird Beachtung geschenkt. Man erzählt, tauscht sich aus und lacht viel – eine gute Entlastung zu den Anstrengungen während des Tages. Mein Kollege und ich werden heute Abend auch diesen Ritus pflegen. Wer einmal mehrere Pilgerbücher vors Antlitz nimmt, wird feststellen, dass darin das Essen eine große Würdigung und einen großen Stellenwert bekommt. Das Sich-auf-den-Weg-machen offenbart wieder die Fundamente des Lebens: Naturverbundenheit, Lebenstempo, Essen, Ruhen und Schlafen – die Reinigung darf natürlich nicht vergessen werden. Sowohl der Kleidung als auch des Körpers und der Seele.

Auch wenn ich kein offizieller Pilger bin – das wäre ich nur zu Fuß, mit dem Fahrrad oder dem Pferd – empfinde ich mich als solcher. Dreimal bin ich schon auf dem Jakobsweg gewesen, zu Fuß und mit Pilgerausweis. Einmal sogar bis nach Finisterre gegangen. Jetzt hatte ich das Gefühl, ich sollte es einmal ganz anders probieren.

Es sollte allerdings schon eine Herausforderung, ein Aufbruch sein. Also keine Urlaubstour, obwohl es natürlich Urlaub ist. So reifte langsam die Idee, mit dem Zweirad auf alten Jakobswegen von Hamburg bis nach Nordspanien zu fahren. Ich recherchierte über die alten Wege, die die *Peregrines*, wie die Pilger genant werden, genommen hatten und entschied mich, auf der Hinfahrt die Zuwegung durch Deutschland bis zur *Oberstraße* in der Schweiz zu nehmen. Dieser Teil ist getan. Nun geht es auf der Oberstraße weiter über Genf, Lyon nach Le Puy. In Le Puy beginnt eine der bekannten Zubringertrassen, die Via Podiensis. Sie führt nördlich der Pyrenäen bis nach Pied de Port. Hier startet der offizielle Jakobsweg, noch auf französischer Seite. Man nennt ihn deshalb auch *Camino frances*. Danach möchte ich dem klassischen Weg folgen. Pamplona, Logrono, Burgos, Leon, Astorga, Sarria, Santiago de Compostela. Weiter treibt es mich dann nach Finisterre an den Atlantik. Hier ist zwar nicht mehr das *Ende der Welt*, aber für mich der Wendepunkt meiner Reise. Nicht dass ich nach guter alter Pilgertradition dort meine Kleidung verbrenne, denn im Gegensatz zu den meisten Pilgern der heutigen Zeit setze ich mich danach weder in ein Flugzeug noch in einen Bus oder Zug, sondern pilgere retour. Und das wäre ohne Kleidung nicht möglich, obwohl auf dem Motorrad ja nur der Helm vorgeschrieben ist. Also bleibt es bei der Ausrüstung. Nichts wird verbrannt oder entsorgt, sondern wird gehütet und gepflegt.

Sitze also gerade in Notbekleidung mit Regenhose, Regenjacke, Badehose, Turnschuhen, Unterziehsocken und einem Laufhemd im Garten in der Sonne. Der Rest wird gerade porentief auf Vordermann gebracht. Auch hier greife ich auf die Technik zurück. Ähnlich wie bei der Wanderung, wo ich auch froh bin, wenn im Refugio, der offiziellen Herberge auf dem Jakobsweg, eine Waschmaschine steht und ich die Wäsche in mechanische Hände geben kann. Normalerweise wasche ich auf der Pilgerreise täglich nur Einzelstücke wie Hemd und

Socken mit Shampoo aus. Hat sich über die Zeit dann einiges angesammelt, wird die Gelegenheit einer funktionierenden Waschmaschine gerne genutzt – nicht nur von mir, sondern auch von den anderen Pilgern. Ganz begehrt sind die Wäschetrockner. Gerade in den galicischen Wetterkapriolen ist man froh, wieder trockene Dinge im Gepäck und auf der Haut zu haben.

Generell ist die gegenwärtige Pilgerei kaum zu vergleichen mit den mittelalterlichen Verhältnissen. Allerdings glich damals der Alltag des Pilgers dem Alltag des Lebens. Einmal abgesehen von der Möglichkeit der Ortsveränderung, die ja im Mittelalter eher das Ungewöhnliche war.

Heutzutage ist die Mobilität nicht das Ungewöhnliche, sondern die Reduktion beim Pilgern. Die Lebensgeschwindigkeit wird verlangsamt auf 25 Kilometer täglich zu Fuß, auf das Schlafen in Gemeinschaftsräumen, auf Essen und Erholung, um am nächsten Tag wieder auf dem Weg zu sein.

Kein Telefon, kein TV – außer in Cafés und Restaurants –, kein Auto, kein Wochenendeinkauf oder –putz. Das Leben des Pilgers ist so überschaubar wie die Dinge, die mitgeführt werden. Zumindest nach einigen Tagen, denn fast jeder speckt am Anfang der Reise ab. Generell nimmt jeder zu viel mit, und da nicht tragbar, wird der Ballast abgelegt: hier ein paar Zweitschuhe, dort die große Arzneitasche. Überall finde ich in den Refugios etwas Zurückgelassenes. Würde man diese Hinterlassenschaften zusammentragen, wären sie wahrscheinlich viel imposanter als das Cruz de Ferro, an dem die Pilger seit Jahrzehnten in guter alter Tradition Steine ablegen, und wo inzwischen ein beachtlicher Haufen entstanden ist. Übrigens soll es sich hierbei um eine vorchristliche Verhaltensweise handeln, was die These untermauert, dass der Jakobsweg vorchristliche Wurzeln hat.

Laut dieser keltischen These ist der Ursprung von Compostela aus dem alten Wort *Sternenfeld* zu rekonstruieren. Diese Deutung analysiert einen vorchristlichen Ritus der Wanderung entlang der Milchstraße von Osten nach Westen, das heißt mit dem Lauf der Sonne. Da der Sonnenlauf auch in der christlichen Tradition eine große Rolle spielt, zum Beispiel Altar im Osten, Begräbnis nach Osten, widerspricht diese These nicht dem jetzigen Jakobuskult, sondern zeigt uns, wie das Christentum bestehende Glaubensweisen aufnahm. Das beginnt schon in der Bibel und zeigt sich oft in der Landschaft, wenn Kirchen nicht im Dorf stehen, sondern ganz oben auf den Bergen, wo früher andere Kulte praktiziert wurden. Wie der Steinhaufen hinter Foncebadon, in dem jetzt ein Pfahl mit einem Kreuz steckt, und der nun das Cruz de Ferro auf dem Jakobsweg ist.

Der Name Compostela wird ferner mit einem *Gräberfeld* in Verbindung gebracht. Auch hier würde die Erklärung passen, denn immerhin ist der Ursprung des Jakobuskultes die Auffindung seiner Gebeine. Eine interessante Legende, die jedem der Vernunft verpflichteten Menschen sehr unwissenschaftlich vorkommen muss: Ein Mensch, der in Judäa hingerichtet wurde, findet sich nach 800 Jahren in Galicien wieder. Da es noch keine Flugzeuge oder Autos gab, wird von einer Schiffstour erzählt – schon damals ging es nicht ohne technische Hilfsmittel.

Da das Schiff durch die Meerenge von Gibraltar kam, also auch hier von Osten nach Westen, und dann nach Norden fuhr, strandete es nördlich von Portugal, das damals noch nicht bekannt war. Um den Leichnam vor Seeräubern in Sicherheit zu bringen (die Wichtigkeit des Verstorbenen scheint den Damaligen schon bewusst gewesen zu sein), wurde er mit einem Ochsenkarren landeinwärts in Sicherheit gebracht. Als die Achse brach, begrub man den Verstorbenen oder das, was wohl nach dieser langen Reise von ihm übrig geblieben war.

Denn wie wir ja von den Missionsreisen des Paulus wissen, brauchten die damaligen Verkehrsmittel schon so ihre Zeit, und mit Verzögerungen durch lange Winter war immer zu rechnen. Jedenfalls fand Jakobus – der Bruder des Johannes, denn es gibt da noch einen Jesusjünger gleichen Namens – in Galicien seine letzte irdische Ruhestätte. Allerdings nur für besagte 800 Jahre. Denn dann schien eines Nachts ein heller Stern, und ein Schäfer erinnerte sich an den Stall von Bethlehem und glaubte an eine Botschaft von Weltbedeutung. Er grub an dieser Stelle und fand den Leichnam des Apostels. Die Exhumierung war der Grund einer Kapelle, die wiederum der Grund sein soll für die heutige Kathedrale in Santiago de Compostela, der Kirche des heiligen Jakobus von Compostela.

Wem das zu umfangreich beschrieben ist, merke sich die Kurzform für Fromme: Nachdem der Apostel Jakobus, der Bruder des Johannes, hingerichtet wurde, nahmen Engel seinen Leichnam und brachten ihn auf wundersame Weise nach Nordspanien. Dort hatte ein Schäfer eine Erleuchtung und fand ihn.

Manchmal soll Jakobus auch als Wiederauferstandener tätig gewesen sein. So kam er unter anderem aus dem Meer, mit Muscheln bestückt, oder er half bei der Rückeroberung Iberiens und ging als *Maurentöter* in die Geschichte ein. Nicht ganz im Einklang mit der Bergpredigt Jesus, aber politisch erfolgreich. Sollte Jakobus der erste Realkleriker gewesen sein?

So oder so wird seit dem 8. Jahrhundert das Jakobusgrab in Nordspanien verehrt. Der Jakobsweg war neben den Routen nach Jerusalem und Rom der *Pilgerpfad der Armen*. Aber immerhin gut brauchbar. Die Region erblühte mit dem Kult des Pilgerns. Brücken wurden gebaut, Infrastruktur geschaffen, sodass nicht nur kleine fromme Pilger vorankamen, sondern auch Militärs und die damalige High Society.

Die Blütezeit ging bis zur Reformation, die ja bekanntlich

ihre vernünftigen Bedenken an dem Bestehenden äußerte. Das machte Schule. Die Aufklärung und ein französisch-spanischer Krieg ließen Jakobus wieder seine pietätvolle Ruhe. Bis nach dem Zweiten Weltkrieg. Denn noch zu Francos Zeiten wurde der Jakobuskult reanimiert, und alte Traditionen erwachten wieder. Der Jakobsweg wurde rekonstruiert und war das erste europäische Kulturdenkmal. Einige Fachleute sehen im Camino sogar das Fundament des neuen Europa, denn immerhin wurden hier alle Christen auf einen Weg geeint – Spanier, Franzosen, Deutsche, Engländer, Skandinavier, Schweizer, Italiener und so weiter. Sozusagen Pilgerplausch statt Kriegsrausch.

Mein Schweizer Kollege und ich haben besprochen, dass ich mit ihm in die Schule gehe, um mich den Schülern vorzustellen und etwas zu erzählen. Ein evangelischer Hamburger im katholischen Lungern? Dazu noch unterwegs auf dem Jakobsweg – mit dem Motorrad? Wir hoffen, dass diese Reizpunkte genug Interesse wecken, um miteinander ins Gespräch zu kommen.

Wichtig ist uns auch das Thema Tierschutz in der Kirche, dem wir uns beide verschrieben haben und über dessen Arbeit wir uns kennen gelernt haben. Dass Dirk ebenfalls die Leidenschaft des Motorradfahrens teilt, macht das gegenseitige Verständnis noch einfacher. Ich kenne nur zwei Geistliche, die ihre Motorräder im Haus parken, um sie über Winter zu pflegen. Beide sind interessanterweise Besitzer von amerikanischem Schwermetall auf zwei Rädern. Die Marke ist die zweitälteste Motorradschmiede und weltberühmt durch etliche Filme, vor allem durch ein unübertroffenes Image. Früher galt dieser Rüttelbock als anfällig, was zum Spruch führte: „Eine Harley verliert kein Öl, sondern sie markiert ihr Revier." Das nenne ich Selbstbewusstsein. Inzwischen hat sich vieles geändert. Harley baut verlässliche Motoren, die Besitzer sind keine Rocker, und ein ABS verzögert den Dampfhammer optimal. Nichts bleibt wie es ist, auch nicht beim Kult Harley.

Durch meine vielen Wanderungen zu Fuß weiß ich, dass der Camino ganz großes Interesse weckt. Die Bücher berühmter Menschen aus dem Showgeschäft, die sich aufgemacht haben, zeigen dieses Interesse unserer Zeit und unserer Zeitgenossen anschaulich. Auch Bücher mit anderen Schwerpunkten wie zum Beispiel Kunstgeschichte, Krimi oder Abenteuerlust beschreiben gemachte Erfahrungen und bestimmte Sichtweisen auf dem Weg von Ost nach West. Es ist eine kleine Bibliothek von Camino-Reiseführern, die entstanden ist. Vom mittelalterlichen Reiseführer in Versform bis zum britischen Humorführer zweier Esel auf dem Jakobsweg ist alles zu bekommen. Da dürfte jeder seinen Zugang zum Pilgerweg der Armen finden.

Was mich derzeit erstaunt, ist, dass ich auf meinem Weg bis in die Schweiz nur wenig dem Jakobuskult begegnet bin, obwohl ich die alten Pilgerstätten aufgesucht habe. In Paderborn gab es im Schaukasten einen Hinweis für Jakobspilger, wie sie nach Köln kommen, also entlang der *Niederstraße*, die ich beim Rückweg einschlagen werde. Im Dom von Paderborn selbst war der Apostel Jakobus, der Bruder des Johannes, nicht offensichtlich zugänglich. Regionale Kirchengestalten und vor allem die Gottesmutter Maria standen im Vordergrund. In Mainz und Speyer konnte ich als Dombesucher weder einen Hinweis für Jakobspilger noch einen über Jakobus selbst finden. Auch hier entdeckte ich eher regionale Kirchenvertreter und die gute Gottesgebärerin Maria. In Straßburg waren keine äußerlichen Hinweise zu finden, und da ich mein Motorrad mit Gepäck nicht alleine in der Touristenmetropole lassen wollte, fiel ein Münsterbesuch wegen Verlustangst eines Deutschen in Frankreich aus. Ob mich nun gerade in Straßburg der

Heilige Jakobus begrüßt hätte, bleibt mir im Moment verschlossen.

Im Freiburger Münster waren Hinweise für Jakobswanderer ebenfalls nicht zu finden. Aber gleich am Eingang an der rechten Seite an der zweiten Säule fühlte ich mich das erste Mal als Pilger unter den Schirm des Heiligen gestellt: In der Nachbarschaft findet sich der andere Jünger Jesu namens Jakobus. Beide halten im Freiburger Münster einen Wanderstab. Der Heilige Jakobus, der Bruder des Johannes, die beide zu den ersten Berufenen Jesu zählten, ist aber gut erkennbar an dem Hut mit der Muschel.

Diese Muschel ist das Symbol für Jakobus und seinen Camino. Zum einen erklärt sie eine Legende, dass Jakobus aus dem Meer kam, um eine Wundertat zu vollbringen. Zum anderen zeigt sie das Ende des Weges, der über Santiago de Compostela hinaus bis an den Atlantik nach Finisterre führt. Diese Route wird heute noch von vielen fortgegangen und ist ein großartiges Erlebnis, zumal hinter Santiago der Camino wieder sichtlich leerer wird. Gerade die letzte offizielle Etappe der 100 Fußkilometer, meist von Sarria bis Santiago, ist überlaufen, denn hier strömen alle zusammen: die Langzeit- und Kurzzeitpilger, die spanische Kegelgruppe, die vier Tage Gemeinsamkeitstrip plante, und der einsame Belgier, der schon ein halbes Jahr unterwegs ist. Auch laufen nun alle Zubringerrouten zusammen aus Norden und Süden. Gesteigert wird diese Bewegung noch durch die Touristenströme in Santiago selbst. Auf dem Platz an der Kathedrale und in der Altstadt drumherum boomt der Massentourismus. Bimmelbahnen gondeln durch die Gassen, und oft wird ein verschwitzter Pilger angesprochen, ob er für ein Foto zur Verfügung stehe. Damit nicht nur die Kathedrale im Original zu Hause gezeigt werden kann, sondern auch ein Originalpilger am Ziel, verschwitzt, aber glücklich. Angeblich sollen auch *Berufspilger* im passenden

Outfit mit Stock, Mantel, Hut, Tasche und Muschel über den Platz schlendern, um sich gegen einen kleinen Obolus den Touristen für ein gemeinsames Foto zur Verfügung zu stellen.

Wer dann nochmals aufbricht, um weitere 100 Kilometer ans Meer zu gehen, wird reichlich beschenkt. Wieder Einsamkeit, Natur pur und die grandiose Weite am Ende der Welt. Finisterre beurkundet ebenfalls den Aufwand, sodass am Ende zwei Urkunden und der gestempelte Pilgerausweis die Tour des Lebens dokumentieren.

Da kaum jemand heutzutage den langen Weg zu Fuß zurückgeht, sondern mit modernen Hilfsmitteln die beschleunigte Heimkehr antritt, ist es Brauch, einige Pilgerutensilien zu verbrennen. Am Ende der Wanderung, des Weges und der Welt gehen also so manche Kleidungsstücke in Flammen auf. Auch zwei bronzene Schuhe zieren den Platz am Meer als Zeichen, dass dieser Nachschlag von 100 Kilometern ein Ende hat, und nun die Wanderstiefel ihre Schuldigkeit getan haben.

Im Mittelalter waren die Schuhe oft schon unterwegs auf der Strecke geblieben, sodass mancher Peregrino barfuß des Weges zog. Bei der heutigen Qualität des Schuhwerks eine ausgestorbene Erfahrung, der keiner nachtrauert. Nichtsdestotrotz ist das Schuhwerk neben dem Rucksack das entscheidende Kriterium einer gelungenen Pilgerreise. Denn wer sich mit falschen Schuhen oder Rucksack auf den Weg macht, erlebt eine neue Form der Via Dolorosa, des schmerzhaften Weges. Dann wird der Jakobsweg ein Weg, der Leiden schafft. Was ich auf dem Camino an Füßen gesehen habe, erinnerte mich oft an meine Zeit im Krankenhaus, wo ich als Pfleger arbeitete. Gerade in der Onkologie oder auch in der Akutpflege sind solche offenen Stellen Tagesgeschäft. Auf einer Wandertour sind sie tagtägliche Tortur, und es braucht Zeit für die Heilung, die oft nicht eingeplant ist, sodass entweder der Schmerz ertragen oder eine Etappe per Bus eingeplant werden muss.

Der Ort, Finisterre, wird kaum mit dem Heiligen Jakobus in Verbindung gebracht, und auch die Muschel ist nicht christlich zu verstehen. Der Ritus und das Symbol liegen wie schon beim Cruz de Ferro in vorchristlicher Zeit. Die These des Sternenweges hat hier ihren Nährboden. Doch das Christentum hat schon andere Gegebenheiten aufgenommen und integriert, die vorher religiös von Bedeutung waren. Ich denke da an Tannenbäume in Deutschland und Straußeneier in Ägypten bei den Kopten. Vom Osterhasen ganz zu schweigen. Oft sind ja die Riten für die Menschen tragfähiger als der christliche Inhalt, der danach hinzukam. In Hamburg ist zum Beispiel das Osterfeuer an der Elbe von größerer Bedeutung als die christliche Feier der Osternacht – und das liegt nicht nur am Ausschank von Alkohol. Die Schar der spirituellen Intellektuellen, die die Tiefe der christlichen Texte und Gebräuche pflegen, bilden wohl eher eine Gruppe von Fachleuten, die mehr Hüter der Tradition sind als Bestandteil der fröhlich-frommen Gesellschaft. Wie heißt es doch: Schön, dass der Pfarrer dabei war, aber das Fest wurde erst gut, als er fort war.

Mit dem Auto fahren Dirk und ich nach Einsiedeln: Das ist *der* Pilgerort in der Schweiz. Hier sammeln sich die Zubringerwege aus Süddeutschland und dem weiten Osten, um die Pilgerschar gen Westen zu führen. Das alte Wegenetz wurde neu ausgeschildert, sodass sich heute wieder viele auf diesen Weg machen können. In Lungern gibt es ein günstiges Pilgerlager im *Haus Josef*. Die Schweiz erfährt gerade eine Neubelebung der Jakobswegtradition.

Ein Bruder des Klosters in Einsiedeln geht mit uns in die beeindruckende Kirche. Wie gut, dass Dirk dort bekannt ist, so komme auch ich in den Genuss, über Hintertreppen Sehenswertes zu erblicken und aus altem, profundem Munde eines Mönches Traditionelles zu hören. Manches muss Dirk mir später weiter erklären, weil ich das Erzählte kirchenhistorisch nicht einordnen und der Mundart nicht ganz so rasch folgen kann. Mehr als die Kirche mit ihren vielen Sehenswürdigkeiten hat mich der alte Mönch beeindruckt, der sein ganzes Leben dem Glauben und dem Kloster Einsiedeln verschrieben hat. Viele sind es nicht mehr, die solch einen Lebensentscheid fällen. Der Mönch und das Kloster erlauben ein wenig den Blick in die Vergangenheit, wirken aber gleichzeitig wie eine vom Aussterben bedrohte Lebensform. Und ich habe gerade mit ihr gesprochen.

Kapitel 6: Von Lungern nach Le Puy

Heute muss und will ich wieder fort. Irgendwie muss ich mich selbst aus dem Nest schmeißen, denn mein Schweizer Kollege ist so gastfreundlich, und ich bin hier äußerst komfortabel beherbergt. Heute Morgen erwischte ich mich beim Gedanken, dass vier Wochen Lungern doch auch ein toller Urlaub wären. Gerade weil ich in den letzten Tagen viele Einheimische kennen lernen durfte und dieses Dorf mich beheimatete, tue ich mich beim Aufbruch schwer.

Der Abschied fällt deshalb etwas gefühlvoller aus als bei nur einer Übernachtung. Es ist diese Spannung zwischen Sesshaftwerdung und Nomadenleben. Zum Alltag gehört sicherlich Ersteres mit fester Arbeit, festem Wohnsitz und festem Ehepartner. Nomadentum erlebe ich aber jetzt, wenn ich all mein Hab und Gut in zwei Taschen packe, aufsattele und weiterreise. Nur die Richtung steht fest, der nächste Ort ist schon unbekannt. Der Weg wird's zeigen. Aufbrechen oder bleiben? Ich denke, das ist ein Lebensthema, denn auch mein Leben ist ein Weg, eine lange Reise. Der Camino ist somit eine Metapher unseres Daseins. Unbekanntes entdecken, Höhen und Tiefen durchschreiten, Leiden und Freude erleben wie Sonne und Regen. Jeder Tag ist morgens frisch und neu. Am Abend sind dann die Kräfte verbraucht. Es gibt Abschnitte absoluter Schönheit und dann wieder Monotonie und Etappen durch Industriegebiete – auch das gehört zur Pilgerreise, und es ist egal ob auf dem Camino oder dem großen persönlichen Lebensweg.

Ich glaube, dass in diesem Gleichnis ein großes Geheimnis und eine große Kraft des Jakobsweges verborgen sind. Er hat existentielle Bedeutung und stärkt im kleineren Erfahrungshorizont das Durchhaltevermögen für das große Rennen. Ähnlich wie beim Marathon, denn auch hier trainiere ich kleinere Erfahrungen, und die volle Distanz laufe ich nur im Ernstfall. Camino und Marathon sind für mich sehr ähnlich: Beide sind eine Lebensschule. Ich erfahre viel beim Laufen, Gehen, bei Lust und Laune, bei Regen und Sonne. Einteilung der Kräfte, Langzeitplanung, Körperwahrnehmung sind weitere Lernschritte. Wer einfach voller Ehrgeiz losmarschiert, endet bestenfalls mit blasenübersäten und in Badelatschen steckenden Füßen in den Pyrenäen oder muss ganz kleine Schritte lernen, angefangen mit dem Gang zum Arzt oder in die Apotheke.

Der Erfolg liegt im langen Atem und darin, die eigenen Grenzen wahrzunehmen und zu akzeptieren. Das heißt nicht, dass sich nicht auch Grenzen verschieben lassen, aber es braucht Zeit. Vielleicht das größte Lernfeld heutzutage. „Die Zeit läuft, und wir laufen mit", formulierte Wilhelm Busch, ohne dass ich wüsste, dass er auf dem Jakobsweg gewesen wäre. Die Auseinandersetzung mit der Zeitlichkeit ist ein großer menschlicher Aspekt des Camino. Sozusagen die menschliche Seite der Medaille, die auf der anderen Seite von der Ewigkeit Gottes in Legenden, Kapellen und spirituellen Erfahrungen erzählt. Zeit und Ewigkeit, Aufbruch und Bleiben, Ruhen und Reisen, das alles sind Spannungsfelder des Pilgerns. Heute entscheide ich mich für den Aufbruch und erwarte den Tag aus Gottes Hand. Möge er mich führen. Buen Camino!

Es ist Abend, ich liege in einem Hotelzimmer in Le Puy. Das ist eine Überraschung. Nachdem ich gedacht hatte, die heutige Strecke würde mich bis zum Genfer See führen, fuhr ich ganz entspannt Landstraße durch die Alpen. Von Interlaken über Spiez, Saanen, Aigle am südlichen Seeufer entlang. Dort wollte ich eigentlich ein Quartier nehmen. Aber nachdem es in den Bergen kalt war und am See plötzlich angenehme 19 Grad bei trockenem Wetter herrschten, stieg die Lust am Fahren, sodass ich nicht um 16.00 Uhr nach 200 Kilometer enden wollte. Also fuhr ich weiter, kam auf die Autobahn, und es ging gut voran. Meine kleine Enduro flog nun gen Westen. Es wollte sich jedoch kein rechter Platz zum Übernachten einstellen – weder um Lyon noch bei St. Etienne. Dann kam mir Le Puy in den Sinn. Die alte Stadt, in der einer der vier großen Zubringerwege zum Jakobsweg beginnt. Damit stand mein Ziel für heute fest. Eine große Herausforderung. Am Ende waren es 540 Kilometer, die ich bis um 20.30 Uhr hinter mir hatte, da ich erst nach einem schönen Frühstück und Plausch mit dem Kollegen um 12.00 Uhr in Lungern aufgebrochen war. Und die 180 Kilometer Landstraße über die Alpen brauchen auch ihre Zeit.

Über 500 Kilometer auf einer Motorradsitzbank sind selbst mit einem Straßenmotorrad schon marternd. Die schmalere Endurositzbank verspricht noch weniger Komfort und hinterlässt spürbar Spuren. So merke ich heute vor allem den Hintern. Dazu der Nacken, da mir abends kalt wurde und ich anfing zu verkrampfen. Am Ende war es Dunkel und ich ziemlich fertig.

Ein langer Pilgertourtag also, der ganz anders verlief als gedacht. Eigentlich hatte ich gar keine rechte Vorstellung von die-

sem Tag. Nun liege ich erschöpft, aber zufrieden in Le Puy und
werde mir morgen die Stadt ansehen und Jakobus suchen –
besser gesagt, seine Spuren.

Meine ersten Sätze Französisch sind auch gesprochen. Zum
Glück habe ich einen kleinen Sprachführer mit, der hilft. Bin
gespannt, wie es weitergeht? Von hier müsste ja der Jakobsweg
gut ausgeschildert sein. Morgen sehe ich weiter. Für heute
schließe ich und danke Gott für seine Begleitung.

Kapitel 7: Von Le Puy nach Conques

Mensch, bin ich gerädert. Im wahrsten Sinne des Wortes, denn
die gestrige Extremetappe auf meiner kleinen Enduro hat ihre
Spuren hinterlassen. Der Körper wirkt strapaziert und ungelenk. Jedenfalls bin ich heute Morgen alles andere als geschmeidig. Da auch das Wetter grau bis dunkelgrau ist, werde
ich den Auszug aus dem Zimmer restlos ausnutzen und heute
Vormittag noch die Stadt erkunden. Das heißt, langsam in Bewegung kommen, in der Hoffnung, dass das Wetter freundli-
cher wird.

Diese Wetterabhängigkeit ist typisch für die Pilgerei. Trotz
bester Kleidung ist das Wetter immer Thema und Launengeber.
Der körperliche Zustand verstärkt die gefühlte Temperatur. An
Tagen wie heute, wenn der Leib muskelverspannt den Tag begrüßt und das Wetter ebenfalls trübe dreinschaut, ist die Lust
zum Aufbruch stark gebremst. Da oft sowohl der Leib als auch
das Camino-Wetter Nordspaniens volle Last tragen, wird dieser Gemütszustand alltäglich. Die Hoffnung, irgendwann
würde der Körper nicht mehr angestrengt fortschreiten und
das Wetter mit freudigen Sonnenstrahlen das Pilgerleben erhellen, ist trügerisch. Der Körper lernt zwar ungemein schnell,
mit der täglichen Belastung umzugehen, aber jeden Tag mit

Lust zu Fuß 20 bis 30 Kilometer zu wandern, ist und bleibt Kräfte zehrend und entsprechend anstrengend.

Und das Wetter macht, was es will. Regen, Hitze, Wind und teilweise sogar Schnee in den Bergen sind zu ertragen. Da kommt viel zusammen, zumal jede und jeder, der sich aufmacht, auch ein individuelles Stück Last mit sich trägt. Ein Grund zur Pilgerei ist immer vorhanden. Auch wenn die wenigsten gleich eine plausible Begründung ihres Tuns parat haben, so ist doch immer ein inneres Gewicht, das manchmal äußerlich sichtbar wird, im Gepäck – der schwere Gang, die Tränen, die Wut, die Wortlosigkeit.

Der Vorteil des spärlichen Pilgerns ist ja nicht nur der Verzicht auf Telefon, Computer, Auto und so weiter, sondern auch die Fremdheit des Gehens und der Sprache. Ich reduziere mich mit allem auf das Wesentliche. Gute Sprachkenntnisse geben zwar Sicherheit im fremden Land, lassen mich aber auch stärker an den blassen Alltäglichkeiten teilnehmen. Wenn ich zum Beispiel das Handy-Gespräch meines Nachbarn nicht nur hören muss, sondern auch noch verstehe, um welche Oberflächlichkeiten oder Sorgen es gerade geht. Aus dieser Teilnahme komme ich schlecht heraus, denn Ohren lassen sich ja nicht an- und abschalten. Also ist eine Zeit der Ruhe für meine Ohren und mich gut, und diese finde ich auf dem Jakobsweg.

Wenn ich ihn denn finde? Das ist nicht so einfach. In Deutschland gab es fast keine Hinweise. Selbst dem Heiligen Jakobus wurde kaum Verehrung zugesprochen. Gleiche Erfahrungen machte ich in der Schweiz. Einsiedeln, Lungern und andere Streckenabschnitte waren ohne Hinweise. Das heißt, wer sich aufmacht, sollte Jakobus im Herzen und eine gute Wanderkarte in der Tasche haben.

Diese Suche nach dem Camino und seinen Heiligen ändert sich, sobald man die klassischen Zubringer betritt. In der Kirche von Le Puy steht er – erleuchtet, gewürdigt, erklärt und mit Segenswunsch für die Pilgerfahrt. Selbstverständlich konnte ich auch eine Kerze anzünden.

Hier auf der Via Podiensis ist dann gut gehen. Zumindest gibt es Hinweise und Zeichen. Doch führt dieser Weg sehr oft an der Straße entlang, und eine gute Wanderkarte ist hilfreich, um keine großen Umwege oder Kraftanstrengungen machen zu müssen. Das Wandern an befahrenen Straßen ist einfach nervig und anstrengend. Besser man findet und geht an ausgewiesenen Pfaden ohne Verkehr.

Ich traf heute zwölf Peregrines auf dem Weg und 22 heute Abend in der Kirche. Laut Verzeichnis in Le Puy gehen zurzeit neun bis zwölf Menschen täglich diesen Abschnitt. Das wären hochgerechnet fast 4.000 im Jahr. So ist auch einmal der Jakobsweg in Spanien gestartet, und jetzt sind es 100.000 Pilger jährlich. Im Heiligen Jahr, wenn der Jakobstag, der 27. Juli, auf einen Sonntag fällt, steigert sich die Zahl der Verehrer sogar auf zirka 250.000. Kein Wunder, dass die Infrastruktur des Caminos wächst und Übernachtungen, Essen und alle anderen Bedürfnisse des Wanderers gut erfüllt werden. Wer vor 20 Jahren gegangen ist, würde den Camino wohl kaum wiedererkennen. Der Weg und auch der Peregrino haben sich in der Zeit komplett geändert.

Ähnliches wird wohl auch in Frankreich stattfinden. Mein heutiger Übernachtungsort Conques lässt jedenfalls vermuten, dass auch hier die Pilgerschar alljährlich wächst. Die alte Bausubstanz des Ortes wird ganz im alten Stil rekonstruiert. Hier ist Mittelalter noch erlebbar, wenn man von den vielen kleinen schmucken Souvenirläden und Bars absehen kann. Zurzeit geht's noch, doch lässt die Zahl der Hotels und Ateliers erahnen, dass im Sommer richtig Saison ist.

Das erinnert mich ein wenig an Griechenland, wo die zahlreichen Geschäfte selbst im ruhigen Frühjahr den Sommerrummel vorhersagen. Allerdings ist Griechenland wärmer und trockener. Hatte ich heute Morgen Dauerregen in Le Puy, wurde daraus ab Saugues Schneeregen. Auf den Höhen bei Aubrac kehrte ich in ein Restaurant ein und musste fast weinen vor Schmerz, weil die Hände so kalt waren. Ich bekam nur langsam die Jacke aus, rundherum tropfte meine Kleidung. Zum Glück brannte ein Ofen, und ich konnte mich an den Tisch daneben setzen. Obwohl ich alleine war, füllte sich der Tisch rasch: Helm, Handschuhe, Halstuch lagen auf der freien Tischhälfte, Jacke und Pullover hingen über den Stühlen. Die andere Hälfte wurde gedeckt mit Kaffee und Pizza, und es erwachte wieder Leben in mir. Dafür war der Anfangsschmerz groß, als die Hände warm wurden.

Der ganze Tag heute war erlebnisreich. In Le Puy gab's keine Beschilderung. Also fuhr ich nach Kompass. Dann endlich ein Hinweis und große Freude, weil es keinen Spaß macht, im Regen mit einem Motorrad durch eine fremde Stadt zu irren.

Danach kam die Angst, denn die Reserveleuchte mahnte das Tanken schon auf der gestrigen Restetappe an. Leider fuhr ich aus Le Puy nicht auf der großen Ausfallstraße *Toutes Directions*, sondern folgte kleinen Pilgerwegen. Kurz vor Ortsende fing plötzlich der Motor an zu stottern. Jetzt wurde es interessant. Insgesamt 48 Kilometer reicht die Reserve, davon waren fast alle verbraucht. Gerade fand ich mich damit ab, das Motorrad zurück in die Stadt schieben zu müssen, als plötzlich eine kleine Tankstelle mit drei Zapfsäulen auftauchte. Dem Herrn sei's gedankt! Ich tankte Rekord: 9,3 Liter. BMW spricht von maximal zehn Liter Tankvolumen. Nun wissen wir auch über die Reichweite dieser Enduro Bescheid. Bisher lag mein Rekord bei 8,1 Liter. Das nenne ich neue Bestmarke. Allerdings muss ich das nicht zu oft haben.

Freude und Angst lagen heute dicht zusammen. Regen, aber auch schöne Orte und nette Menschen. Kälte und dann plötzlich ein Restaurant mit Ofen. Stotternder Motor und dann eine Tankstelle. Jakobus sorgte gut für mich.

Auch hier in Conques, diesem schönen mittelalterlichen Touristenort, knatterte ich in den Ortskern und stand plötzlich an der Kirche. Ich stieg ab und ging hinein. Da kamen zwei Peregrines und verschwanden vor mir in einer Herberge, die ich nicht wahrgenommen hatte. Also frage auch ich dort nach einem Zimmer und wurde aufgenommen. Besser geht es nicht. Ich blicke auf die Kirche und auf mein Motorrad, das vor der Tür steht. Da noch viele andere Peregrines im Hause sind, genieße ich das Flair, auch wenn ich kein richtiger Pilger bin. Immerhin bin ich heute 200 Kilometer vorangekommen – in fünf Stunden. Das ist zehnfache Pilgergeschwindigkeit. So ein Motorrad ist schon klasse.

Meine Mutter ist da übrigens anderer Meinung. Sie hat Angst, dass mir etwas passiert. Auch von anderen weiß ich, dass sie in Bezug auf das Zweiradfahren große Bedenken haben. Interessanterweise sind das aber stets Menschen, die diese Leidenschaft nicht teilen und kein Motorrad bewegen. Ein Phänomen, das ich auch von der Pilgerei oder dem Marathon kenne. Ich erzähle ganz begeistert davon, und mein Gegenüber hebt die Augenbrauen und reagiert mit einem abwertenden Kommentar: „Willste jetzt fromm werden?" oder „Marathon ist doch ungesund" oder „Motorrad ist doch was für Selbstmörder." Dabei grinst er, steckt sich eine Zigarette an und setzt sich vor die Glotze. Man könnte auch sagen, zwei Welten treffen aufeinander. Schlimm ist es nur, wenn solche Kollisionen im engsten Beziehungskontext stattfinden. Da sind Vertrauen und Respekt notwendig – im engen wie im weiten Lebensraum.

Motorrad fahren führt nicht zwangsweise zum Tode. Ich fahre jetzt 30 Jahre. Hatte kritische Augenblicke, aber trainiere auch die notwendigen Bewegungsabläufe. Motorradprofessor

Bernt Spiegel hat tolle Hinweise gegeben, die den Umgang mit dem Zweirad schulen. Außerdem werden überall sinnvolle Trainingskurse angeboten.

Das Niveau der Motorradfahrer halte ich für überdurchschnittlich hoch, auch wenn am Motorrad oft das Rowdy- oder Rockerimage hängt. *Ein Rowdy auf dem Jakobsweg* würde bestimmt der eine oder andere Fernsehfritze kommentieren, sähe er mich jetzt fahren. *Jakobus und sein Rocker* offenbaren das Wunder, selbst Motorradfahrer so zu frommen, dass sie sich nach Compostela aufmachen.

Die Leidenschaft zum Zweirad lässt eine vielseitige Szene entstehen. Den Motorradfahrer an sich gibt es gar nicht. Der eine fährt viel, der andere wenig. Jener fährt lieber schnell, dieser lieber langsam. Manche jagen durch das Gelände, andere lieber über abgegrenzte kreisrunde Einbahnstraßen. Die Szene hat so viel Profil wie die verschiedenen Reifenarten. Der eine Reifen ist breit und flach, der andere schmal mit Stollen. Manche mögen's laut, viele kaufen schwere Bikes mit ABS und Katalysator. So vielseitig die Zahl der Motorradfreunde, so groß die Palette der Maschinen, die angeboten werden. Und was dann gekauft ist, wird oft nochmals ganz individuell umgebaut. Somit ist kein Bike wie das andere und so einzigartig wie sein Besitzer.

Kapitel 8: Von Conques nach Aire sur l'Adour

Die Menschen in Conques sind wunderbar. Sowohl die Organisatoren der Herberge als auch die pilgernden Gäste begegnen mir mit großer Freundlichkeit, obwohl ich als Motorradfahrer kein Offizieller bin. Auch mein Französisch ist 25 Jahre alt und versickerte nach drei Jahren gymnasialer Ausbildung – wie alles im Leben, was nicht gepflegt wird. Somit ist die Möglichkeit des Dialoges sehr eingeschränkt. Doch die Meinung, dass Franzosen nur auf Menschen gut zu sprechen sind, die auch Französisch sprechen, trifft hier nicht zu. Bis jetzt genieße ich Respekt und Freundlichkeit, die mir die Menschen entgegenbringen. Ich versuche Gleiches zu tun, sodass auch mit sprachlichen Differenzen ein gutes Miteinander gelingt. Ist das die europäische Dimension des Caminos oder Gottes Gnade und Frieden? Das eine schließt das andere nicht aus.

Jedenfalls erfreue ich mich an Land und Leuten. Ich lerne dadurch viel. Zurück in Deutschland, werde ich wieder ein Stück mehr darauf achten, Fremde wahrzunehmen. Auch ohne Sprachkenntnisse gibt es eine Verständigung, die Menschen in Respekt und Achtung voreinander pflegen können. Dieses Lernziel ist erkannt und soll nicht wieder ungepflegt versickern. Die französische Sprache ist toll. Ich höre sie gerne. Allerdings verstehe ich nur kleine Einheiten. Gestern Abend in der Kirche konnte ich den Psalm und die Lieder mitlesen, teilweise sogar verstehen. Heute Morgen beim Frühstück kommen Worte an mein Ohr, die mir bekannt vorkommen. Langsam scheint sich mein Französischhorizont zu erhellen, wie die Dämmerung heute Morgen. Ich genieße dieses Erwachen des Tages, meines Lebens und Geistes – und meiner neuen, alten Leidenschaft, der französischen Sprache. C'est la vie.

Wie viele Sorgen habe ich mir vor meiner Abreise gemacht, was alles in Frankreich passieren könnte? Die Region ist mir gänzlich unbekannt. Die Sprache eher Höflichkeitsattribut an die Einheimischen als dialogfähig. Und jetzt in der Realität, jetzt, wo ich mich aufgemacht habe, lerne ich so viel Positives kennen. Die Franzosen sind sehr nett, entspannt und freundlich. Noch kein böses Wort, keine knurrige Geste. Stattdessen versuchen einige sogar Englisch mit mir zu reden, was ja anscheinend nie passieren soll. Ich bin begeistert.

Die Landschaft ist ein Traum. Heute bin ich von Conques

über Decazeville, Figeac, Cahors, Lascabanes, Miradoux, Lectoure, Condom, Eauze und Nogaro nach Aire sur l'Adour gefahren – 380 Kilometer Landstraße. Auf einigen Abschnitten liefen Pilger, auf anderen Gott sei Dank nicht, denn der Samstagsverkehr war teilweise schnell unterwegs, und Autofahrer scheinen auch hier gerne die Kurven zu schneiden. Wenn hinter der einen oder anderen unübersichtlichen Kurve ein Pilger gegangen wäre, hätte das die Soforterlösung der Wanderqualen bedeutet. Allerdings im Tausch gegen andere Lebenserfahrungen, wie sie viele Tiere auf den Straßen hinter sich haben. Heute fielen sie mir wieder auf. Eine große Schuld unserer Mobilität.

Im Gegensatz zu den Deutschen fahren die Franzosen angenehm defensiv. Alles läuft ruhiger. Gerade in den Städten und auf der Landstraße. In Deutschland sind die Leute eher unter Druck und scheinen ungeduldiger im Verkehr. Hier läuft alles gelassener, was für die Teilnehmer angenehmer ist.

In Valence westlich von Moissac tauchen auf einmal inmitten einer Traumlandschaft mit wunderschönem Fluss zwei Kühltürme einer Riesenkraftwerkanlage auf. Nach Lage und Sicherungsaufwand dürfte es sich um eines von den 16 Atomkraftwerken auf meiner Reise handeln. Es ist schon komisch, dass gerade auf dieser Reise durch die schönsten und abgelegensten Regionen Europas eine AKW-Dichte herrscht, die einen großen Anteil am Gesamtvorkommen in Europa bildet. Da denkt man, hier ist die Natur noch unberührt, und dann kommen die eingezäunten und verdrahteten Pulverfässer.

Vor 30 Jahren habe ich den Versprechungen noch Glauben geschenkt, dass der Müll nur ein technisches Problem sei, das man noch lösen müsse. Heute vergraben sie den Dreck, und unsere Kinder müssen sehen, wie sie mit Leukämie, Missbildungen und Betonruinen klarkommen, die einen Renovierungsstau haben. Immerhin müssen die Kraftwerke so lange dicht halten, wie die Pyramiden alt sind. Ich glaube allerdings kaum, dass sich einmal Touristenbusse zu diesen Orten in Scharen aufmachen werden. Im Gegenteil: Wahrscheinlich wird die Region wegen Geldmangels abgeriegelt, und die Landschaft strahlt – nur anders als jetzt.

Ich kann mir gut vorstellen, dass unsere Generation deswegen einmal mehr kritisiert oder sogar gehasst wird als die Kriegsgeneration von damals. Die Ohnmacht der zukünftigen Generationen wird einfach viel größer sein. Aber dann, so sagen die Technikliebhaber wie Max Frischs Romanfigur *Homo Faber*, können wir schon auf anderen Sternen wohnen. So gerne ich an Technik glaube und sie in Anspruch nehme, weiß ich doch, wo Grenzen eingehalten werden sollten. Es ist wie beim Motorradfahren: Wer immer auf der letzten Rille fährt, nutzt sicherlich das Band des Möglichen, doch ist die Wahrscheinlichkeit eines kürzeren Genusses als beim Fahren mit *Angstrille* zumindest im öffentlichen Verkehr anzunehmen.

Extremverhalten gelingt gut unter besonderen Bedingungen, wie zum Beispiel auf einem Rennring. Da kann man auch die *Angstrille* ausnutzen. Aber Atomkraft als Normalleistung anzunehmen, entspricht weder meinem Fahr- noch meinem Lebensstil. *It's too crazy!* Das wäre so, als ob Stuntfahrten jetzt zur Führerscheinprüfung gehören würden. Natürlich kann man so fahren. Einigen gelingt sogar ein Wheelie kilometerweit auf dem Hinterrad. Wenn ein deutscher Enduromeister meine BMW durchs Gelände scheucht, scheinen physikalische Gegebenheiten für ihn nicht mehr zu gelten. Hier ist alles möglich. Auch bei Motocross-Veranstaltungen oder beim Trial scheint der physikalische Schulunterricht widerlegt. Aber das ist die Ausnahme. So etwas geht, doch lange nicht für jeden und alles, sondern nur in Maßen und für sehr wenige.

Valentino Rossi, der italienische Motorradweltmeister, ist einzigartig, auch wenn viele seine Rennkombi tragen und sein

Replica-Bike fahren. Da sollten wir ehrlicher miteinander umgehen, was leider in Gesellschaft und Wirtschaft immer häufiger missachtet wird. Ich bin nicht Rossi, also benehme ich mich auch nicht so. Wäre Rossi ich, hätte er sicherlich weniger Vermögen, mehr Ruhe und Privatleben und würde BMW fahren. Außerdem hätte er eine gewisse Leidenschaft für den Jakobsweg.

Damit käme er in den Prominentenreigen von Paulo Coelho, Shirley MacLaine und Hape Kerkeling. Und noch vielen anderen, die ebenfalls Bücher über ihre Wanderung nach Santiago de Compostela geschrieben haben. Wie Tim Moore, ein britischer Sarkast mit einem großen Herz für Esel. Oder Carmen Rohrbach, die aus naturwissenschaftlicher Sicht und mit deutsch-deutschem Hintergrund den Glaubensweg versuchte. Petra Oelker nutzte den Camino als Hintergrund für einen Krimi. HanneLore Hallek aus Lübeck hat ein tolles Reisebuch für Frauen geschrieben, das auch Männer gut lesen können. Kurt-Peter Gertz ist die 1.600 Kilometer von Le Puy gewandert und hat als aufgeschlossener deutscher Katholik einen großen Schatz an Erklärungen zum Glauben und den Camino hinterlassen. Dann gibt es noch Autoren, die bis ins Mittelalter zurückschauten und Erzählungen und Spuren zurückließen, an denen ich mich nun orientieren kann. Bis zu dieser Reise war ich drei Mal auf dem Camino, aber im Geiste bin ich schon oft als Begleitung der Autorinnen und Autoren mit auf dem Weg gewesen.

Irgendwie gehören wir alle zusammen, weil wir alle eine Leidenschaft teilen, eine Sehnsucht, die uns aufbrechen ließ, um einer inneren Stimme zu folgen. Wer sich auf den Jakobsweg begibt, hat jede Menge Vorläufer. Deren Reihe ist nicht unendlich, aber sie ist unzählbar. Alle teilen miteinander die Abenteuerlust, den Wagemut und die Sehnsucht, etwas zu finden, was das Leben neu beleuchtet.

In der Bibel steht: Christus ist das Licht. Auf dem Camino leuchten jedoch bei Mutter Maria eindeutig mehr Kerzen. Ich bin erstaunt, mit welcher Zustimmung Maria angebetet wird. Ich als evangelischer Lutheraner kenne diese Praxis nicht. Ich begegne ihr nur in den anderen christlichen Kirchen. In Griechenland, in der Orthodoxie, wird Maria zwar ebenfalls innig verehrt, doch die Reihenfolge fängt immer mit Christus, dem Welterlöser, an. Hier erlebe ich, wenn ich an Le Puy, Einsiedeln und Freiburg denke, Maria im Fokus, und Christus ist weit weg, wie der Vater. Die Theologie scheint mir nicht stimmig. Der Ritus steht mehr im Vordergrund als der biblische Inhalt. So viele Geschichten, Wunder und Legenden über Personen wie auf dem Camino habe ich noch nie erlebt. Weder im orthodoxen Ausland noch in der evangelischen Heimat.

Zu Hause schaffe ich es nicht, alle Geschichten der Bibel zu erzählen. Meine Kindergartenkinder und die Konfirmanden bekommen nur Auszüge mit. Der biblische Stoff ist zu umfangreich. Wenn ich mir vorstelle, dass daneben noch all die anderen Glaubensgeschichten vermittelt werden sollten, würde das ein kleines Studium des christlichen Glaubens bedeuten. Ich hätte nichts dagegen, aber wenn ich da an meine Konfirmanden denke?

Weniger ist mehr. Das heißt, ich muss genau auswählen, was der Grundstock des Glaubens sein soll. Bei Luther war es Christus, und so ist es noch heute in der evangelischen Kirche. Die mütterliche Seite kommt entsprechend zu kurz, da auch die äußere Organisationsstruktur eher männlich-hierarchisch ist.

Das ist sicher der Schatten in der evangelischen Kirche. Doch es gibt nichts ohne Schatten. Wichtig ist zu wissen, dass es ihn gibt. Denn immerhin kommt ja Licht von außen, da sind sich wieder alle einig. Christus ist das Licht. Halleluja. Das ist Ostern.

Die Mütterlichkeit ist nicht mein Thema. Als Junge war selbstverständlich meine Mutter die beste. Aber schon im Jugendalter entstand eine Distanz. Heute haben wir ein gesundes Miteinander, und wir treffen uns regelmäßig. Wir fahren sogar zusammen in Urlaub. Das Gesunde daran ist, dass wir uns beide loslassen können. Dadurch sind wir frei. Ich weiß, dass es meine Mutter nicht gerne hört, dass ich Motorrad fahre. Jetzt weiß sie sogar, ich bin alleine unterwegs in fremden Ländern, auf kleinsten Wegen, in abgelegenen Dörfern. Und doch weiß sie, dass genau das mein Weg und meine Entscheidung sind, und das respektiert sie. Es gibt keine Drohungen, Verbote oder Krisen. Im Gegenteil: Sie wünscht mir alles Gute und legt mein Wohl in die Hände Gottes. Mehr und Besseres kann keine Mutter tun, sage ich als Kind. Damit entstehen ein Freiraum und die Möglichkeit des eigenen Wagens und Wollens.

Das könnte das Problem an der Mutter Maria sein. Hier ist meines Erachtens eine Mutter fest in die Mutterrolle gepresst, und Jesus bleibt ewiger Sohn. In Le Puy steht die Mutter Gottes im Altar, unter ihrem Rock schaut der kleine Kopf Jesu heraus. Das ist für mich als Protestant sowohl theologisch als auch psychologisch interessant, denn hier ist ein Kindheitsverhältnis festgeschrieben, das sich biblisch gesehen in den folgenden Jahren verändert.

Jesus wird nämlich mit 30 Jahren erwachsen, trennt sich von seiner Familie und lebt in sozialer Freundschaft mit seiner Jüngerschar. Auch Maria unterm Kreuz ist eine Mutter, die ihrem Kind Freiheit schenkte und jetzt diese Freiheit zum Tode betrauern muss. Der schlimmste Fall tritt ein: Das Kind stirbt vor den Eltern. Maria trauert nicht um ihr kleines Kind, sondern um ihren erwachsenen Sohn, der auf seinem Weg ermordet worden ist. Das Risiko war ersichtlich. Maria hat den Weg Jesu verfolgt und wusste um die Möglichkeit einer Eskalation in Jerusalem. Selbst Jesus wird sich seiner Situation bewusst gewesen sein. Also ähnliche realistische Lebensanalysen wie heute. Mir sind die Gefahr und das Risiko meines Weges bekannt. Es kann viel passieren, der Tod fährt mit. Meine Mutter musste ihre Verantwortung für mich ablegen, ist mir aber immer noch in Liebe verbunden. Für sie wäre es schrecklich, wenn ich umkomme würde, aber sie weiß, dass es passieren könnte. Deshalb bleiben wir offen für einander, respektieren unsere Wege und hoffen auf noch viele gesegnete Stunden zusammen im Austausch.

Ich weiß, dass viele Frauen in der *Maria-Kirche* diese Freiheit nicht finden. Dennoch sind Maria und die vielen anderen interessanten Frauen in der Bibel eine gute Erfahrung des Weiblichen im Glauben. Ich denke automatisch an meine Mutter und bin ihr im Angesicht der Gottesmutter zu tiefem Dank verpflichtet. Meine Mutter hat mich immerhin zur Welt gebracht und musste ihr Leben umstellen, um mich aufwachsen zu lassen. Jetzt haben wir beide es geschafft und sind frei für eigene Wege des Lebens. Diese Zeit der gegenseitigen Abhängigkeit hat ein großes, dickes Band der Verbundenheit entstehen lassen. Maria und Jesus ging es, so denke ich als Erwachsener, ganz ähnlich.

Kapitel 9: Von Aire sur l'Adour nach St. Jean Pied de Port

Nach insgesamt 2.100 Kilometern bin ich endlich am Anfang. In St. Jean Pied de Port, um 15.00 Uhr, nach vier Stunden Fahrt. Welch ein Gefühl! 150 Kilometer durch eine zauberhafte Voralpenlandschaft. Da heute Sonntag ist, traf ich sehr viele einheimische Ausflüglerfamilien, zumal die Frühlingssonne lacht. Mein erster Tag ohne zu frieren! Ich habe mir in meiner Sonntagslaune ein Luxuszimmer gegönnt, bei einer sehr netten

Dame mit einem sehr schönen Café, pardon: Salon de thé. Die Zimmer sind äußerst geschmackvoll eingerichtet. Alle mit besonderer Note und Namen. Da die Luxussuite mit Namen *Gloria* ein schönes Fenster und einen Schreibtisch hat, konnte ich nicht widerstehen. Außerdem war der Tag noch jung, und ich würde genügend Zeit haben, das tolle Ambiente zu genießen.

Jetzt sitze ich also an diesem Schreibtisch, nachdem ich eineinhalb Stunden lang diesen Startort des Camino frances durchstreift habe. Der Stadtkern ist alt, mit Stadtmauern drumherum und Zitadelle oben auf dem Hügel. Eine schöne alte Stadtbefestigung. Über die Jahre ist dieser Ort gewachsen, und nun ist er ein kleines französisches Städtchen mit erlesener Wohnkultur. Vom Berg sieht man Sportplätze, einen Bahnhof. In der Kirche sieht es aufgrund der Dekoration nach Familiengottesdienst aus. Also ganz normales schönes Leben in einem Ort, der eine lange Geschichte hat.

Gerade regnet es. Die Wetterstabilität scheint in den Bergen der Pyrenäen nicht so ausgeprägt zu sein. Ich hoffe auf ähnliche Wetterbewegungen wie bei uns am Meer. Das heißt, dass morgens und abends die Wolken wandern, damit verbunden ist ein Wetterwechsel. Über den Tag ist es deshalb oft schön. In den Pyrenäen bläst ein kräftiger Wind. Wie bei uns am Meer. Selbst im Sommer haben wir immer eine leichte Jacke oder einen Pullover dabei. Daran erkennt man die Einheimischen. Nur Touristen laufen leicht bekleidet umher.

Heute sah ich mehrere Motorradfahrer. Das ist neu. Ich dachte schon, nur Deutsche seien so verrückt und würden im April mit dem Zweirad durch die Gegend fahren. Doch Dank des Wetters und des Sonntages waren einige Kollegen unterwegs. Kein Wunder: Die Region ist ein Traum zum Motorradfahren.

Etwa zehn Kilometer vor St. Jean Pied de Port liegt der

kleine Ort Ostabat. Hier liefen nach den alten Beschreibungen die drei großen Zubringerwege aus Paris, Vézelay und Le Puy zusammen. Vereint ging es dann weiter nach Roncesvalles und Pamplona. Südlich davon, in Puente la Reina, stieß dann der Ostzubringer dazu, der von Arles startete und über Toulouse, Auch und dem Somport-Pass lief. Danach führten alle Wege nach Santiago. Jedenfalls ab dem 9. Jahrhundert, mit kleinen Vakanzen zwischen dem 16. und 20. Jahrhundert.

Es war höchst interessant, das Wochenende in Südfrankreich zu verbringen. Samstag ist Sporttag. Der Familien- oder Paarsport par excellence scheint Boule zu sein. In Aire sur l'Adour gibt es einen sehr schönen Platz am Fluss, auf dem ein Turnier ausgetragen wurde. Die weibliche Rolle erfüllte sich meistens in feinfühligem Hinlegen der Kugel an den kleinen Zielball, während der männliche *Schießer* alles wegballerte, was die Gegnerin so einfühlsam platziert hatte. Ein Spiel fürs Leben, und die Beteiligung war entsprechend groß.

Auf dem Parkplatz standen Autos, auf deren Anhänger schön schmutzige Enduros weilten. Das sah nach mächtig viel Spaß im Gelände aus. Schon auf der Straße sah ich mehrere dieser Gespanne. Teilweise mit Mini-Enduros, sodass vermutlich der Sohn wie der Vater gern im Dreck spielten. Da ich selbst meine Enduro auch ins Gelände ausführe, weiß ich, wie schön das ist. Das heißt nicht, dass es nur angenehm ist. Wenn es regnet, ist die Sauerei groß und die Belastung für Mensch und Maschine hoch. Aber man lernt den respektvollen Umgang. Endurofahrer sind daher auch gut im Umgang mit Straßenmotorrädern. Und sie verstehen sich untereinander bestens. Etwas Gemeinsam durchzustehen, sich den Widrigkeiten zu stellen und sich durchzukämpfen, das schweißt zusammen. Das ist beim Endurofahren nicht anders als beim Pilgern. Man kommt ohne Vorbehalte zusammen und ist gleich per du.

Der heutige Sonntag stand auffällig im Zeichen der Familie. Überall gingen sie, schoben Kinderwagen und führten einen Hund mit sich. Ersteres vor allem bei jüngeren, Letzteres auffällig bei älteren Paaren. Da scheine ich genau im französischen Trend zu liegen, weil ich ernsthaft über einen Hund im Hause nachdenke. Sollte ich frankophile Gene haben, oder liegt hier eine normale Entwicklung im Alter vor? Ich behaupte diplomatisch beides.

Wenn ich mir in Erinnerung rufe, dass ich letzten Sonntag noch Marathon in Süddeutschland gelaufen bin, wird mir deutlich, wie gefüllt diese vergangene Woche war. Heute fuhr ich in dieser Marathonzeit 150 Kilometer und habe oft gehalten und fotografiert. Alles lief ganz gemütlich, Zeit spielte keine Rolle. Das war letzten Sonntag ganz anders. Als ich heute Nachmittag unter der Dusche stand, wurde mir wieder einmal bewusst, wie lang viereinhalb Stunden und ein Lauf von 42 Kilometern sind – jedenfalls für mich. Trotzdem wird das nicht der letzte gewesen sein. Eine Frage der Leidenschaft, wie vieles andere im Leben auch.

Heute Abend sah ich im Fernsehen einen Geländelauf. Der ging über eine extrem lange Distanz und sogar richtig über Berge. Wenn ich mir vorstelle, dass es Menschen gibt, die auf die Idee kommen, von Pied de Port nach Roncesvalles zu laufen, dann halte ich das für verrückt, obwohl ich selbst als verrückt gelte. Das ist ein Paradox, gemäß dem Satz: „Alles was ich sage, ist Lüge." Was bedeutet also das Urteil *verrückt* eines *Verrückten*? Sind diese Extremläufer damit wieder normal oder gleich doppelt verrückt?

Die Antwort wirft zunächst die Frage auf, was normal ist? Nicht ganz einfach zu beantworten. Jedenfalls war für meine Großeltern vieles normal, was für meine Eltern nicht normal war. Meine Vorstellung von normal ist wiederum anders als die meiner Eltern. Genauer betrachtet, müssten wir sogar unterscheiden zwischen Mann und Frau, denn hier sind die Empfindungen oft sehr verschieden. Normal ist also sehr relativ.

In der Region findet sich eine Vielzahl von zweisprachigen Verkehrsschildern und anderen Hinweisen, weil zusätzlich zur französischen Sprache die Regionalsprache Baskisch gepflegt wird. Das ist grenzüberschreitend, denn Nordspanien verfährt ähnlich. Das Baskenland hat eine lange Tradition der Eigenständigkeit, des Kampfes und der Eigenheiten. Das geht wahrscheinlich nicht anders, wenn man als kleines Volk bestehen will. Dieses Schicksal wiederholt sich an anderen Orten. Ich denke an die Kurden, die Aborigines, die Maori, die Indianer und all die anderen Volksstämme. Als Deutscher und Theologe denke ich selbstverständlich gleich an die Juden. Immer sind Lösungen schwer zu finden, und im Moment bewegen viele die Entwicklungen in Tibet. Selbst auf dem Marathon in Freiburg gab es viele Sympathiebekundungen für dieses unterdrückte Volk. Ich hoffe, China und alle anderen Staaten lernen eine friedliche Koexistenz.

Uns Europäern ist dieser Schritt langsam gelungen, mit Respekt und Vertrauen ist Großes gewachsen. In meiner Geburtsstadt an der deutsch-dänischen Grenze ist das Zusammenleben vorbildlich. Es gibt auf der deutschen Seite dänische Schulen, Kirchen und andere Einrichtungen für die dänischstämmige Bevölkerung. In Dänemarks Süden gibt es Gleiches für die deutschstämmige Bevölkerung Dänemarks. So kann jede Familie und jedes Individuum ganz frei eigene Wurzeln entwickeln. Letztendlich stärkt das die Region und die Menschen.

Wer weiß, ob nicht meine europäischen Triebe durch diesen Heimatboden genährt wurden? Ich habe jedenfalls keine Angst vor den anderen. Früher bin ich als Junge nach Dänemark geradelt, jetzt fahre ich mit dem Motorrad durch ganz Europa. Wer weiß, ob nicht in Zukunft auch französische Basken nach Norddeutschland kommen, um andere Grenzgeschichten zu hören und voneinander zu lernen? Ich bin jedenfalls froh, dass in meiner Heimat keine Bomben detonieren. Das bringt – so eine deutsche Erfahrung – wenig Vertrauen.

Davon abgesehen, nehme ich die Botschaft Jesu so ernst, dass ich die Friedensbotschaft der Bergpredigt auch politisch umzusetzen versuche. Die Heilsbotschaft Christi vertröstet mich einerseits im Blick über meinen Tod hinaus, andererseits trägt das Wort Jesu zum gelungenen Leben vor dem Tode bei. Das eine annulliert nicht das andere. Im Gegenteil sind das Leben und Sterben Jesu und die Auferstehung Christi als Gottessohn für alle Zeit von Bedeutung, heute und in Ewigkeit. Für mich gilt das Jetzt, Heute und Hier, aber auch das Später, wenn der Tod erlebt ist.

Wenn ich schreibe, dass der Tod ständig mitfährt, dann nicht, weil ich wüsste, dass ich unheilbar krank wäre. Auch nicht, weil ich Motorradfahren als besonders gefährlich einstufe – das kommt wie so oft auf das Verhalten des Benutzers an. Nein, ich sehe den Tod als ständigen Begleiter, weil er zum Leben gehört. Vom ersten Tag meines Lebens, mit dem ersten Atemzug, ist er mein Wegbegleiter. Früher hatte ich Angst vor dieser Begleitung. Sie war mir nicht vertraut. Heute habe ich sie besser kennen und schätzen gelernt. Jetzt bin ich froh, dass sie mir treu zur Seite steht. Denn wenn mir tatsächlich etwas zustoßen sollte, zum Beispiel ein Unfall, bei dem ich keine Überlebenschance hätte, dann tut es gut zu wissen, nicht lange im Schmerz leiden zu müssen, sondern vom Lebensbegleiter Tod erlöst zu werden.

Auch er ist, wie die gesamte Schöpfung, laut Bibelaussage *gut*. Egal was ich bin, egal wann, egal was geschieht, am Ende kann ich mich immer auf den Tod verlassen. Er ist treu. Wenn ich den Tod auch als gottgemacht annehme, dann verliert er seinen Schrecken. Sein Image ist schlecht, weil er als nicht zum Leben gehörend deklariert wird. Aber der Tod ist nicht der Gegensatz zum Leben, sondern ein Bestandteil – und zwar der irdische.

Er ist eine Zwischenstufe, wie St. Jean Pied de Port auf dem Weg von Le Puy nach Santiago. Heute geht ein großer Abschnitt zu Ende, gleichzeitig beginnt der eigentliche Camino. So steckt in jedem Ende ein neuer Anfang. Warum sollte das beim Tod anders sein? Irgendwann im Leben kommt diese Stille. Wenn sie dann so angenehm ist wie Pied de Port, erfüllt sich Gottes guter Schöpfungsplan. Auf die weitere Reise bin ich jedenfalls sehr gespannt.

Kapitel 10: Von St. Jean Pied de Port nach Pamplona

Inmitten des Tages halte ich inne, so heißt es im Mittagsgebet. Hier auf der Mitte des Hinweges halte auch ich inne und erlebe wunderbare Dinge. Heute Morgen ein Traum von Frühstück und nebenan am Tisch eine Männerrunde, die aus dem Lachen gar nicht mehr herauskam. Schön, wenn im Alter solch eine fröhliche Gemeinschaft besteht. Das gelingt anscheinend besser in anderen südlicheren Ländern als in Deutschland. Bei uns gilt ein Gespräch nicht so viel. Es ist vertane Zeit, die man auch im Vorgarten hätte gut verbringen können. Wider dem *Laisser-faire*! „Habt ihr nichts zu tun?", kommt gleich die kritische Bemerkung der Schaffenden. Tust du etwas, bist du etwas. Das ist eine Grundhaltung in Deutschland, obwohl wir als Land der Dichter und Denker gelten. Doch unser Stern ist erloschen und archiviert.

Als ich meinem Vater, einem Handwerksmeister, erzählte, ich wolle Theologie studieren, war er entsetzt. Das sei doch brotlose Kunst und Studieren ohnehin nur etwas für Menschen, die nicht arbeiten wollten. Erst Jahre später, nachdem er die viele Arbeit des Studiums und der Gemeindearbeit miterlebte, änderte sich seine Einstellung. Nun ist er ganz zufrieden mit seinem Sohn – auch wenn er das Gefühl hat, ich lebte in einer ganz anderen Welt.

Mein Vater hat viel größere Angst um mich auf dieser Fahrt als meine Mutter. Beide lieben mich. Der Unterschied liegt in der Vorstellungskraft, was es alles gibt in der Welt. Hier ist mein Vater als Kriegskind im Nachteil. Er ist damals mit seiner Mutter und vielen Geschwistern ohne Vater nach Westen geflüchtet. Damals war er sieben Jahre jung. Diese Flucht mit all ihren Verunsicherungen, dem Nicht-wissen-wohin, dem Nicht-sicher-sein, ob nicht doch vor dem Ziel der gewaltsame Tod kommt, prägte das ganze weitere Leben. Nachdem er mit zwölf Jahren eine neue Heimat und mit 15 Jahren einen Beruf gefunden hatte, lernte er mit 17 meine Mutter kennen und wurde mit 20 das erste Mal Vater. Die Familie und der Beruf sind seine Welt. Die Idee, sich nochmals in die Fremde zu begeben, ergibt sich aus den Erlebnissen der Kindheit nicht. Er ist ortsgebunden und weiß schon, wo er sterben wird. Selbst das Grab hat er schon gekauft – neben seinem verstorbenen Bruder.

In der Bibel heißt es, die Missetat währt *bis ins vierte Glied*. Das war mir oft eine unverständliche Formulierung, aber aufgrund der Erfahrungen in Deutschland lernte ich sie langsam verstehen. Der Krieg war ja 1945 nicht vorbei. Ich kenne aus meiner Kindheit noch Parkwächter oder Hausmeister, die so komische Brillen aufhatten, die das halbe Gesicht abdeckten. Dadurch schaute ich genauer hin und stellte mit meinen kindlichen Augen fest, dass dem Menschen mit der sonderbaren Brille das halbe Gesicht fehlte. Ich erinnere mich auch noch an den *Kohlenmann* mit dem steifen Bein. Der schimpfte immer, wenn wir Fußball in der Straße spielten, und wollte uns den Ball wegnehmen. Da er nicht schnell laufen konnte, war unser Ball selten in Gefahr, aber Angst hatten wir immer vor diesem Kriegsversehrten.

Mein Uropa war Sozialist und musste aufpassen, was er in der Familie sagte, weil der Schwiegersohn hitlertreu war und drohte, ihn zu denunzieren. Ein anderer Opa hängte seine Fahne in den Wind – mal gehörte er zur dänischen Minderheit, mal kandidierte er für die KPD. Es gibt viele Geschichten, die ich als Kind gesehen und gehört habe. Der Krieg war 1945 nicht vorbei, sondern lebte in den Menschen weiter. Nicht die Ideologie des Rassenwahns. Davon gab es nur wenige Vertreter, die einem über den biographischen Weg liefen, sei es in der Schule, im Ort, in der Politik oder auch in der Universität. Sie waren *Kinder ihrer Zeit*, wie der österreichisch-ungarische Schriftsteller Ödön von Horvath es formulierte. Alles Menschen, mit denen ich nicht tauschen möchte und die für mich keine Zukunft kannten und hatten. So ist der Krieg auch präsent in meinem Nachkriegsleben in Deutschland. Vom Uropa bis zum Neffen oder Enkel ist jeder mehr oder weniger geprägt.

Mit meiner Konfirmandengruppe zum Beispiel fahre ich nach Berlin und erzähle von der Mauer und der deutsch-deutschen Geschichte. Wir besuchen das Holocaustdenkmal und die KZ-Gedenkstätte Sachsenhausen im Norden von Berlin. Mir ist es nicht nur einmal passiert, dass ich im Ausland als Nazi betitelt wurde, nur weil ich eine deutsche Nationalität habe. Dass ich nicht im Krieg gewesen sein kann, sieht man mir an, denn so alt sehe ich noch nicht aus. Aber ich nehme das als Zeichen, dass auch in den anderen Ländern die Kriegserfahrungen weiterleben und jedes Land in seinen Generationen lernen und begreifen muss, was geschehen ist und dass es im Krieg keinen Gewinner gibt. Deutschland, Italien, die alliierten

Länder – wir haben alle verloren, was auf unzähligen Gedenksteinen, selbst im kleinsten Dorf, zu lesen ist. Da sind Frankreich, Griechenland und Dänemark genauso betroffen wie alle anderen Länder. Der Krieg schafft nur Verlierer – weil das Leben verliert.

Wenn der Respekt vor dem Leben verloren geht, dann wird es finster. Das ist schon eine Metapher der Bibel. Dort heißt es in meiner sehr verehrten Bergpredigt Jesu: „Seid Kinder des Lichts!" Da Jesus selbst als das *Urlicht* gilt und der Weg des Lebens ist, brauche ich nicht fromm zu sein, sondern bin alleine schon aus politischer Überlegung Christ.

Apropos Politik: Die alte Disharmonie zwischen Kirche und linkem Parteispektrum verstehe ich inhaltlich nicht richtig. Klar, wenn ich die Geschichte durchforste, muss ich gestehen, dass die Institution Kirche nicht immer treu der Botschaft Christi gefolgt ist, sondern gerne politischen Größenwahn betrieb. Dementsprechend gilt sie als konservativ. Das ist sie sicherlich auch als Institution und Hüterin der christlichen Traditionen, aber Ausnahmen bestätigen die Regel. Die Kirche Christi besteht nicht nur aus Priestern und Verwaltern, sondern aus der großen Schar aller Gläubigen. Das ist ein Unterschied und eine wichtige Unterscheidung! Erst wenn die Kirche mehr ist als die Kirchendiener, und erst wenn der Staat mehr ist als die Staatsdiener, verstehen wir die demokratische Verantwortung, die jedes Individuum hat. *Wir sind das Volk* – dieser Leitsatz und das Bewusstsein, das sich darin ausdrückt, haben die friedliche Revolution in Deutschland 1989 ermöglicht und führten zur Wiedervereinigung, an die ich nicht mehr zu glauben wagte. Gehöre ich doch schon zur Generation, die sich auf die deutsch-deutsche Teilung eingestellt hatte. Für mich war Dresden damals Ausland. Zum Glück wechseln die Zeiten.

Nicht nur die Zeiten wechseln, sondern auch die Länder

und die Stimmung: Selbst das Wetter bleibt von der Wechsel-stimmung nicht unangetastet und beschert heute Sonne, Regen und Schnee. Welch eine Dynamik.

Nun bin ich ganz geschafft in Pamplona und hänge den Abend im Hotel ab. Heute Morgen, an einem Montag, wechselte nach dem Zauberfrühstück bereits die Stimmung: Beim Packen des Motorrades fehlte ein Spanngurt. Da ich sicher war, dass nichts mehr im Hotelzimmer lag, glaubte ich, der Gurt hinge noch am Motorrad. Tat er aber nicht.

Zum Befestigen des Tankrucksackes brauche ich beide Hände. Also stellte ich die große Tasche schon mal auf die Sitz-bank, den Helm stülpte ich über einen Spiegel, da der Boden nass war. Den Reißverschluss des Tankrucksackes konnte ich nicht einfädeln, weil das Lenkradschloss noch eingerastet war. Also nahm ich den Zündschlüssel, um das Schloss zu entriegeln. Es gibt wenige Nachteile an meiner BMW, aber bei diesem Modell ist das Schloss sehr eng am Lenker verbaut, sodass es immer schwierig ist, den Schlüssel hineinzustecken oder her-auszuziehen. Ich versuchte es also wieder drei- bis viermal und bewegte dabei den Lenker, um das Schloss zu entriegeln. Rumms, fiel der Helm vom Spiegel und lag auf dem Asphalt. Visier und Halterung daneben. Nun war er nicht nur schmut-zig und nass, sondern auch noch kaputt. Ich sammelte den Helm und die abgesprungenen Einzelteile ein und legte sie auf einen Außentisch des Hotels, der zwar auch nass, aber immer-hin nicht schmutzig war. Der Helm sah gar nicht gut aus.

Aber erst mal zurück zum Motorrad und die Regenhaube über den Tankrucksack gestülpt, denn der Regen hörte nicht auf. Danach zügig die Tasche befestigt, nicht dass die auch noch in den Dreck fiel. Eine Enduro steht ja schief, wenn sie nur einen Seitenständer besitzt. Nachdem das Gepäck verzurrt war, widmete ich mich meinem Helm und der Vorstellung, den weiteren Weg ohne Visier fahren zu müssen. Aber weit gefehlt: Zwar lagen vier Visierteile vor mir, aber alle passten zusammen, und keines schien defekt zu sein. Glück im Unglück und gute Qualität. Ich atmete tief durch, schwang mich auf den Bock und dachte mir: „Hoffentlich war das alles für heute."

War es nicht. Denn kaum drei Kilometer in die Berge gekraxelt, musste ich feststellen, dass ich viel zu warm angezogen war. Zwar stand Wechselwetter an, aber es war nicht kalt, sondern hatte um die zehn Grad. Da war ich bis auf den Sonntag kälteres Wetter gewohnt. Also rechts ran, Fleecejacke aus, ein paar Fotos gemacht von der zauberhaften Pyrenäenlandschaft, tief durchgeatmet und dann ganz ruhig weitergefahren. Es geht doch.

Ich hatte den *Bergweg* eingeschlagen und traf drei Pilger. Für Fußgänger waren sie spät unterwegs, denn es war inzwischen 12.00 Uhr Mittag. Für mich spielte die Zeit keine Rolle. Die 70 Kilometer nach Pamplona sollte ich locker schaffen, und so fuhr ich im frisierten Mofa-Tempo über die Höhen nach Südwesten. Da es so viele Glücksmomente gab, weil die Landschaft so berauschend war, blieb der Motor nicht lange warm. Der Anlasser war das meist beanspruchte Teil des Motorrades, weil ich immer wieder hielt, um zu fotografieren.

Nun war ich schon so hoch, dass Wolken über die kleine Straße zogen. Dann fing es an zu regnen. Ab einer gewissen Höhe wurde daraus Schneeregen. Wer hätte das gedacht? Ich war froh, ein Visier zu haben. Die Pyrenäen sind stets für eine Überraschung gut. Als dann der Schneeregen in handfesten Schnee umschlug und ich mich trotz Endurobereifung so festfuhr, dass ich absteigen und neben dem Motorrad hergehen musste, dachte ich an die armen Blasen-Pilger in Sommerlatschen. Ich war auf einmal komplett eingeschneit, alles war nur noch weiß.

Irgendwann kam ein Zeichen rechts ab nach Roncesvalles.

Doch unter dem Schnee konnte ich keine Fahrbahn erkennen. Also blieb ich auf der Straße, denn die war an der Erhöhung der Schneedecke immer noch zu sehen. Bei aller Liebe zum Camino – die asphaltierte Variante war mir im Augenblick lieber. An der nächsten Kreuzung hätte ich schwören können, es ginge geradeaus. Ging es aber nicht, denn nach 300 Metern stand ich auf einer Art Wendeplatz mit Viehgitter. Also durch die weiße Matsche zurück bis zur Kreuzung und die zweite Möglichkeit eingeschlagen. Langsam wurde mir mulmig, denn das Motorrad tanzte auf dem Schneebelag, links ging es bergab und rechts in den Graben.

Das Gute am Verkehrsstau ist, dass er sich einmal auflöst, das Gute am Schnee in den Bergen ist, dass er in tieferen Lagen aufhört. Dass er in Regen überging, war nicht so toll. Aber ich konnte wieder sehen. Und was ich sah, war eine unglaubliche Landschaft: Pferdeherden, die frei herumliefen, Wolkenspiel und zwitschernde Vögel. Die hörte ich, da inzwischen meine Reserveleuchte angesprungen war und ich zum Spritsparen den Motor abgestellt hatte. Ohne Motorgeräusch rauschte ich leise mit 50 Sachen die Pyrenäen bergab. Da ich einmal zu lange die Fernsicht genoss, wäre ich fast in den Graben gefahren. Hätte gepasst für diese Montagsstory.

Inzwischen war ich eineinhalb Stunden unterwegs und wartete gespannt auf den ersten Hinweis nach Roncesvalles. Aha, weit unter mir eine Kreuzung und ein Schild – hurra, Spanien ich komme! Auf dem Schild stand allerdings St. Jean Pied de Port. Ich hatte also irgendwo im Schnee die Orientierung verloren. Da das gelbe Licht im Cockpit mich zum Tanken mahnte und ich inzwischen wusste, dass die BMW nach 9,3 Litern zu stottern beginnt, blieben mir lange Abwägungen, ob ich noch einmal zurücksetzen sollte, erspart. Ich fuhr dem Schild nach. Nach fünf Kilometern ein Hinweis, noch 13 Kilometer bis Pied de Port. Ich fuhr den Ort von Osten an, genau von der falschen Richtung. Aufgrund des Schnees und der Wolken konnte ich die Sonne nicht sehen, und auf den Kompass hatte ich nicht geachtet. Also im Ort erst einmal volltanken und auf zum zweiten Versuch.

Diesmal folgte ich der Straße, was auch Pilgern bei schlechtem Wetter empfohlen wird. Aber was heißt schlechtes Wetter im April? Ich war erstaunt, wie viele Pilger unterwegs waren. Ich traf mindestens 30. Und die hatten wie ich viel auszuhalten, denn inzwischen goss es heftigst. Da half nur Gesang unter dem Helm. Und natürlich ein kurzes Hupen als Gruß an meine Pilgergenossen und unter dem Helm der Pilgergruß: Bon Camino! Ich war ja noch in Frankreich.

Oben am Ibanetapass hielt ich kurz und machte ein Foto. Inzwischen schneite es wieder, mir war kalt, und die nassen Hände passten kaum noch in die klammen Handschuhe. Aber wir wollen uns ja nicht beschweren, denn wir machen ja alles freiwillig. Nun ging's, wie der Hesse sagt, *ab zu's*. Herrlich, wenn nicht Schnee und Regen die Stimmung gedrückt hätten. Ein Lied zwei, drei!

In Roncesvalles war ich kurz davor durchzufahren, weil ich nicht noch einmal die Handschuh-Anziehtortur haben wollte. Aber mir war kalt, und wann würde ich jemals in meinem Leben wieder dieses Dorf betreten? Also Blinker an.

Es gab eine Bar extra für Peregrines. Etwa 80 Quadratmeter groß, am Ende ein Tresen, links mittig ein Kamin, in dem Holz brannte und der herrliche Wärme ausstrahlte. Drumherum fünf Tische und gekachelter Boden, denn alle Peregrines waren durchnässt, und die Kleidungsstücke tropften fröhlich vor sich hin. Ich traf drei Spanier, die mit dem Rad unterwegs waren und mit denen ich mich gleich in Englisch unterhielt – so von Biker zu Biker. Am Nachbartisch saßen zwei Frauen aus Deutschland, die erzählten, dass sie eine zweiwöchige Schnuppertour machten. Sie hätten Flüge nach San Sebastian genommen und seien nun schon zwei Tage im Regen unterwegs. Heute würde es sogar schneien, und sie fragten sich, wie lange sie wohl noch ihren Rucksack tragen könnten? Obwohl er nur zehn Kilogramm wiege, sei er doch eine Last. Außerdem sei die Regenhose nicht so dicht wie versprochen, und nun seien sie mit Jeans bekleidet, die fast bis zum Knie nass waren. Das klang alles sehr nach schweren Entscheidungen. Sie wussten nicht, ob sie heute nochmals losmarschieren oder vor Ort übernachten sollten. Wir unterhielten uns und tauschten uns aus.

Eine schöne Begegnung, die ihr Ende fand, denn ich war fest entschlossen fortzufahren, um heute noch Pamplona zu erreichen. Also wieder in die feuchten Klamotten. Die nassen Handschuhe waren wenigstens vom Kaminfeuer warm. Nur noch 30 Kilometer. Aber auch die können lang werden, wenn die Kraft am Ende und die Stimmung runtergefahren ist. Der Regen weilte noch bis kurz vor Pamplona. Ich wunderte mich, dass die Spanier so winterlich gekleidet umherliefen wie wir in Deutschland. Es schien selbst für spanische Verhältnisse Sauwetter zu herrschen.

Mit fiel bei der Einfahrt in die Stadt ein, dass ich nicht einmal auf Spanisch fragen konnte, ob es ein Zimmer für mich gebe. Da ich sonst mit dem Pilgerausweis ins Refugio gehe, erübrigen sich solche spanischen Redewendungen. Also fuhr ich völlig unvorbereitet in diese mir fremde Großstadt in der Größe von Freiburg. Ich hielt mich mittig und stets westlich orientiert. Plötzlich, kurz hinter dem gefühlten Stadtkern, stand ich an der Kreuzung und las den Hinweis auf ein Hotel in einer Sackgasse mit Ladestreifen vorm Haus. Perfekt. Die Enduro wurde abgestellt, Helm ab, Haare aufgewühlt und ab in die Rezeption. Die lag im 1. Stock. Es war wie im Traum: Der Mensch sprach Englisch, sodass ich meinen Sprachführer nur für die Eingangsphase benötigte. Ein Zimmer war frei und der Tag um 17.00 Uhr gelaufen.

Kurz erfrischt und auf zum Stadtbummel. Mit einer vollen Einkaufstüte kam ich zurück und hänge jetzt im Zimmer ab, esse Abendbrot, schreibe Tagebuch, sortiere Karten, lese den Reiseführer für die morgige Etappe und trinke das gute spanische Bier *San Miguel*. Mehr ist für heute nicht drin. Ich bin müde und freue mich auf den Schlaf. Morgen ist ein weiterer Tag – zum Glück kein Montag.

Kapitel 11: Von Pamplona nach Jaca

Ein neuer Tag beginnt. In Pamplona scheint die Sonne, es ist ziemlich frisch. Ich bin gut ausgeruht, musste nachts einmal auf den Balkon, um zu sehen, ob das Motorrad noch vor der Tür steht. Denn irgendwie kam in der Nacht die Verlustangst in Form einer Vision, dass ein Lkw gerade meine BMW aufladen würde. Wenn Motorräder gestohlen werden, dann meist auf solche Art. Es nimmt sich kein Dieb lange Zeit, um Schlösser zu knacken – das kann er ganz in Ruhe daheim.

Aber alles war in Ordnung. Die Enduro stand und steht immer noch auf den extra für Zweiräder gedachten Parkflächen und wartet auf den Einsatz. Sie ist weniger bedürftig als ich und scheint dem Pilgerideal weit mehr zu entsprechen als meine Person. Ich genieße das Einzelzimmer in einem Hotel. Konnte heute Morgen gemütlich heiß duschen. Wenn ich da an die Refugios denke! Sicherlich sind nicht alle gleich, und der Standard ist angestiegen, gerade durch die vielen Privatangebote. Aber es bleiben Herbergen mit Massenschlafsälen. Es sind Kompressionsstätten für nasse Wäsche, lüftende Schuhe und jede Menge menschlicher Erlebnisse. Das gehört zum Pilgern. Ist aber anstrengend. Ich weiß wirklich nicht genau, was auf meinen Pil-

gertouren mehr Kräfte gekostet hat: die Strecken oder die Übernachtungen? Das Schlafen mit 40 anderen in einem Keller auf
Etagenbetten mit plastiküberzogenen Matratzen bei Neonbe-
leuchtung bis 22.00 Uhr und dann wieder ab 7.00 Uhr morgens
ist eine besondere Herausforderung, die erst einmal durchge-
halten werden muss, wie die Pyrenäenüberquerung im Schnee.
Diese Last kommt oben drauf, wenn man den Jakobsweg wählt.

Es sei denn man nimmt die Alternative, gönnt sich Tage der
Absonderung und wählt die private Unterbringung mit Bett,
Dusche und heißem Wasser. Vor allem einmal alleine sein, nur
mit sich und seinen eigenen Gerüchen. Daher genieße ich
meine Übernachtungen auf dieser Tour besonders.

Überhaupt komme ich jetzt in die Phase, in der mir klar
wird, etwas ganz Besonderes zu tun und zu erleben. Heute
sind zwei Wochen um, normalerweise wäre der Urlaub zu
Ende. Eigentlich würde ich mich jetzt in ein Flugzeug setzen
und nach Hause fliegen, in einer weiteren Woche würde ich
wieder voll in den heimischen Alltag assimiliert sein.

Stattdessen sattele ich heute wieder mein Krad und fahre
weiter nach Westen, solange Lust und Laune es erlauben, und
nur Gott lenkt unseren Weg. Dieses Sich-treiben-lassen-
dürfen ist der Gegensatz zum sonstigen Getrieben-werden.
Oh, wie ich diese Zeit genieße. Zwei Wochen sind um, und ich
habe noch nicht einmal *Bergfest*. Noch sind alle Gedanken vor-
wärts gewandt. Ich bin ganz und gar auf dem Weg und schalte
ab. Die Arbeit und der Alltag kommen schneller wieder als gedacht – also: carpe diem, nutze den Tag.

Dieser Tag hatte wieder einmal seinen ganz eigenen *Drive*.
Nachdem ich ab Pamplona versuchte, exakt den Spuren des Jakobsweges zu folgen, drehte ich manche Extrarunde. Immer
wieder übersah ich die typischen kleinen gelben Pfeile, oder
ich entschied mich, nicht dem Weg, sondern der Straße zu fol-

gen, um nicht die Peregrines zu stören. Denn die Pilgerdichte hat sichtlich zugenommen. Jedenfalls kam ich vom Weg ab.

In einem Dorf fragte ich einen alten Herrn nach dem Camino, und er verwies mich auf einen Schotterweg. Dieser würde mich in einer Rechts-links-Kombination zum Camino führen. Gesagt, getan, und es klappte. Auf der Schotterpiste fuhr ich weiter und überholte einige Pilger, die keine bösen Gesten zeigten. Also weiter. Plötzlich wurde aus der Schotterpiste ein Trampelpfad am Feldesrand, alles schön matschig. Ich hielt kurz an, um zu überlegen, ob ich mir das antun wollte? Hmm … Sowohl die Enduro als auch ich sollten das Stück eigentlich schaffen. Gut, weiter. Nach mehreren hundert Metern in Gestrüpp und Matsch kam wieder Schotter – zum Glück.

Nach zirka zwei Kilometern verengte sich der Weg und wurde ein Trampelpfad mit Steigung. Der Untergrund steinig, teilweise Geröll. Ich gab Gas, die BMW stampfte im ersten Gang mit mir und dem Gepäck den Hang hinauf. Zwischen Ginsterbüschen führte mich dieser Trampelpfad durch Pfützen immer weiter bergauf.

Dann war Schluss. Der Weg vom Regen weggespült. Zwei Steigungen ragten vor mir auf, die zweite so steil, dass man Treppen in den Hang geschlagen hatte. Ich stieg ab und bekam die BMW die erste Steigung mit Motorunterstützung gut hochgeschoben. Jetzt die Treppen. Die waren steil, feucht, glatt und matschig. Zu viel für meine Enduro-Straßenreifen, die sich im Profil sofort zusetzten und durchdrehten.

Da stand ich nun auf den Stufen, mit einer 150 Kilogramm schweren Enduro plus 20 Kilogramm Gepäck, und kam ins Schwitzen. Was nicht kam, war der Grip. Die Fuhre wollte einfach nicht weiter. Also alles langsam retour, denn 170 Kilogramm hangabwärts zu dirigieren auf engem, glattem Pfad, ist ein Fall für sich. Und der Pannendienst wäre nicht hierher gekommen.

Mit viel Kraft und Geduld bugsierte ich die Maschine wieder auf den Weg. Ich war frustriert. Aber die Realität des Caminos ist eben so. Selbst ohne Gepäck und mit richtigen Stollenreifen wäre die Aufgabe nur mit fremder Hilfe zu schaffen gewesen. Beim Endurorennen stehen an solchen kritischen Stellen immer Helfer, um kurz mit anzupacken. Gerade wenn jemand wie ich mit solch einer *Lokomotive* kommt. Ungetankte 150 Kilogramm im Gelände sind ein Drittel zu viel. Die BMW ist immer noch ein Kompromiss zwischen Gelände, Alltag und Tour – sowohl vom Gewicht als auch von der Bereifung. Das wurde genau an dieser Stelle ganz deutlich.

Als der erste Frust verklungen war und der Schweiß langsam trocknete, kam die Erkenntnis, dass dieses Erlebnis typisch für den Camino ist. Er hat seine eigenen Gesetze und lehrt dich gleich in den ersten Tagen, dass die Reise nicht so läuft, wie du willst.

In diesem Moment kam der erste überholte Pilger vorbei und grüßte freundlich – auf Deutsch. Es war sein erster Tag der Wanderung, denn er war gerade aus Pamplona aufgebrochen. Tags zuvor war er von Düsseldorf über Madrid dorthin geflogen und begann jetzt seine Tour nach Santiago. Wir tauschten uns kurz aus, und ich fragte ihn, ob ihn meine Anwesenheit mit dem Motorrad gestört habe? Er verneinte. Das hätte ich nicht gedacht, denn ich fuhr zwar mit Pilgergruß an den Menschen vorbei, aber auch mit einem kleinen schlechten Gewissen.

Ein Stück weiter unten hatte ich zwei deutsche Frauen getroffen, die mich anhielten und an einer Kreuzung nach dem richtigen Weg fragten. Sie dachten, dass ein Motorradfahrer wohl ein Einheimischer sein müsse. Ich versprach ihnen zurückzukommen, sollte mein eingeschlagener Weg der falsche sein. Es war zwar der richtige, trotzdem traf ich sie noch einmal, weil ich umkehren musste.

Diese Umkehr wurde mir zur Erkenntnis. Mein Wille zählt nicht. Der Camino hat seinen eigenen Weg für mich. Diese innere Umkehr erlebte ich auch auf den anderen Pilgerreisen. Mal war es die Erkenntnis, dass die gewählten Etappen zu groß waren. Mal musste ich mir eingestehen, viel zu viel eingepackt zu haben. In den ersten Tagen kommt immer ein Aha-Erlebnis oder eine Niederlage, die aber wichtig für das weitere Fortkommen werden soll. Somit sind mir diese matschigen Erdtreppen zu *Stufen der Erkenntnis* geworden.

Ich fuhr zurück und kam auch noch mit den anderen überholten Pilgern ins Gespräch – alle aus Deutschland. Keiner war unfreundlich, sondern sehr verständnisvoll und verschwitzt. Das schweißt zusammen. Wahrscheinlich hatten sie Mitleid, dass hier einer tatsächlich versuchte, mit 170 Kilogramm Gewicht den Berg hochzukraxeln, während sie schon mit 10 bis 14 Kilogramm mehr als genug zu tun hatten. Offensichtlich ist man zu Fuß doch beweglicher als mit einem technischen Hilfsmittel, für das man auch noch sorgen muss. Das ist die Zwiespältigkeit der Technik.

In Puente la Reina trank ich erst einmal einen Kaffee und besann mich auf die neue Lage. Wenn es nicht so läuft wie geplant, soll es eben anders laufen. Aber wie? Ich vertraute der Zeit, dem Kaffee und Gott. Irgendwann würde mir schon eine Idee geschenkt werden. Und plötzlich war sie da.

Da ich gut vorankam, wenn ich die Straße nahm, wollte ich die Zeit nutzen, um mir die Umgebung des Caminos genau anzuschauen. Denn wenn ich noch einmal zu Fuß diese Strecke laufen sollte, würde ich kaum die Kraft aufbringen, mir die Sehenswürdigkeiten rechts und links des Weges anzusehen. So beschloss ich umzukehren und fuhr wieder nach Nordosten, denn von den Pyrenäen hatte ich aufgrund des schlechten Wetters kaum etwas gesehen.

Ich steuerte die kleine Kapelle Santa Maria de Eunate an,

einen sehr spirituellen Ort. Ich setzte mich in die Kapelle, wie in vielen Kirchen auf dem Camino lief gerade meditative Musik, und ich betete. So kam ich angenehm zur Ruhe. Dann kramte ich eine Plastiktüte mit Verpflegung aus dem Tankrucksack, setzte mich in die Sonne, betrachtete das Kirchlein von außen und aß Brot, Tomaten, Oliven und Käse. Die Welt war plötzlich wieder ganz in Ordnung.

Nach dieser Pause plante ich, auf dem *Aragonischen Weg* über Sangüesa nach Jaca zu fahren. Und da der Himmel heute mal nur blau war und ich nicht fror, wäre ein kleiner Höhentrip zum Somport-Pass ein schönes Schmankerl. Also fuhr ich mit der Sonne im Rücken weiter – normalerweise das Zeichen, eine falsche Richtung eingeschlagen zu haben. Aber heute und für mich war das genau die richtige. Frühnachmittags schlenderte ich durch Sangüesa, am Spätnachmittag fuhr ich durch Jaca und sah die schneebedeckten Berge des Somport-Passes. Da die Sonne weiterhin schien, musste ich nicht lange überlegen: Ich drehte am Gas und kletterte die Berge hinauf bis zur alten Grenzstation in 1.640 Meter Höhe. Nun war ich wieder in Frankreich.

Dort oben gab es ein Refugio, aber ich hatte Jaca in angenehmer Erinnerung, und mein Reiseführer empfahl einen Aufenthalt. Also wieder retour, und mit der Sonne im Herzen suchte ich ein Hotel in Jaca. Danach blieb noch genug Zeit, diese Stadt zu besichtigen. Ich war in zwei Kirchen und verspeiste eine klasse Pizza. Eigentlich hätte ich gedacht, ich würde heute Abend in Logrono sein, aber der Mensch denkt, und Gott lenkt. Wahrscheinlich lachte er sogar, als ich mich abmühte, diese schwierigen Erdstufen zu erklimmen. Irgendwie habe ich immer noch jugendlichen Ehrgeiz in mir. Zum Glück auch schon die Reife des Alters, die weiß, wann es besser ist umzukehren. Vielleicht ist es ja auch gut so, dass es ausprobiert

ist und feststeht, dass der Camino selbst mit einer Enduro un-
bezwingbar ist. Die Grenzen sind gesetzt.

Diese Grenzen schützen vor zu viel Motorradverkehr auf
dem Camino. Einzig einige Passagen des Jakobsweges sind be-
fahrbar und werden sowohl von heimischen Enduristen gerne
genutzt als auch von Bauern, um das Vieh zu treiben. Da sollte
man aufpassen, dass man nicht wie ein Ochse vor dem Berge
steht. Buen Camino!

Kapitel 12: Von Jaca nach Logrono

Heute Morgen traf ich auf dem Weg zum Frühstück eine
Schulklasse, die ebenfalls im Hotel in Jaca übernachtete. Vielleicht war das der Grund, warum ich ein Zimmer nach hinten
raus bekam? Oder sehen wir Biker so schlimm aus, dass wir
lieber ins Hinterzimmer geschleust werden? Früher wurden
Motorradfahrer öfter in Hotels abgewiesen, wenn sie nass
und verschmutzt im Foyer standen. Deshalb gibt es mittler-
weile in Deutschland, Österreich, der Schweiz und Oberita-
lien spezielle Hotels und Hotelgruppen, die mit *Bikers wel-
come* werben. Auch in Südfrankreich sah ich schon diesen
Hinweis.

Beim Einzug gestern Abend musste ich erst mal das Zimmer lüften, die Toilette roch ein wenig. Ich schätze, weil der
Raum lange nicht bewohnt war. Danach war dieser Geruch
weg, dafür lagen meine Socken herum. Als es im Laufe des
Abends leise im Haus wurde, merkte ich, dass ein Lüfter irgendwo in Zimmernähe lief. Das Ding brummte wie ein alter
Kühlschrank in der Küche, nur dass ich normalerweise dort
nicht schlafen muss. Aus alter Pilgererfahrung habe ich stets
Ohrenstöpsel im Gepäck und konnte sie nun prima nutzen,
um in meiner Dunkelkammer Frieden zu finden. Das Zimmer

war eine echte Kammer, zwar sehr fein eingerichtet, aber winzig klein. Fazit: Die Umstände können auch den besten Inhalt negieren. Wie heißt es schon in der Bibel: „Schlechter Umgang verdirbt gute Sitten." 45,00 Euro die Nacht waren okay, wenn auch nicht günstig. Dafür gab es ein reichhaltiges Frühstücksbüfett inklusive TV.

Spätestens am Fernsehen und am Programm merkte ich, dass ich in Spanien war. Und auch daran, dass überall Papier und Kippen vor dem Tresen lagen. In Deutschland undenkbar. Amüsant war die TV-Werbung über Zellulitis. Zuerst wurde ein alter Arsch im wahrsten Sinne des Wortes gezeigt, sodass mir mein Croissant fast im Hals stecken blieb. Dann kam ein junges Mädchen und massierte mit irgendeiner Saugglocke ihren Bauch. Danach die Kurzeinblendung recht grobkörniger, schlaffer Oberschenkel, die garantiert nicht zu der jungen Dame gehörten. Zum Schluss die Einblendung eines jungen Mädchens im Bikini und der Saugmassageglocke, die zum Preis von 99,00 Euro angeboten wurde. Man oder *frau* konnte sie gleich per Telefon oder Computer bestellen und mit Kreditkarte zahlen. Ja, das Leben ist so einfach.

Statt Saugglocke holte ich mir ein zweites Croissant und Kaffee, um über die Verdummung via TV nachzugrübeln – sie ist ja so international wie Zellulitis. Eigentlich denke ich, dass eine so idiotische Werbung keinen Erfolg haben kann. Andererseits wird kein Unternehmen Geld ausgeben, wenn nicht die Erfahrung sagt, dass die Werbung doch erfolgreich ist. Wahrscheinlich saßen gerade viele wie ich vor dem Fernseher, hatten gerade gefrühstückt oder taten es und hatten ihr Spiegelbild vom Morgen noch vor Augen. Das ist hart.

Denn gerade morgens, wenn der Körper langsam wieder ans senkrechte Leben gewöhnt werden muss, bedarf es einiger Toleranz, um die Augen zu öffnen. Mit zunehmendem Alter werden Toleranz und Mut auf große Proben gestellt. Allmählich entknittert das Gesamtbild, auch wenn es dafür zunehmend länger braucht.

Wie gesagt, ich habe nicht angerufen, um mir eine Saugglocke zu kaufen. Stattdessen fahre ich lieber wieder meinen Rüttelbock und ernähre mich gesund. Das heißt, zum Croissant gab es eine Banane und einen Joghurt. Wenn jetzt noch tagsüber Obst und Gemüse dazukommen, bleibt meine Zellulitis im Keim zurück. Damit kann ich leben.

Da ja jedes Caminobuch von persönlichen Geständnissen lebt, sei hier erwähnt, dass ich mich seit über 20 Jahren vegetarisch ernähre. Was den Verzicht auf Fleisch angeht, ist für mich schon 20 Jahre Fastenzeit. Jetzt im Berufsstress ist das mein Glück, denn ich sitze viel, esse unregelmäßig und habe viele Bereitschaftsdienste, die an die Substanz gehen.

Viele Kollegen sind stark übergewichtig, fressen alles in sich hinein, einige bekamen schon mit 40 ihre Infarkte. Das ist nicht mein Weg. Ich verzichte lieber auf Fleisch, Fisch und Eier und erfreue mich bester zellulitefreier Gesundheit. Hier in Spanien ist es sehr schwer, diese vegetarische Lebensweise umzusetzen, denn spätestens mit den Eiern legen sie mich immer wieder herein. In versteckter Form kann ich nichts machen, und bei ersichtlichen Eierspeisen versuche ich die zarte Sezierung. Inzwischen habe ich da gute handwerkliche Fähigkeiten entwickelt, die so manchen Chirurgen oder Gerichtsmediziner ins Staunen versetzen würden.

Es war eine lange Entwicklung, die ich mit 23 Jahren einschlug und dann beibehielt, weil sie mich überzeugte und mir sehr gut tut. Ich gelte bis heute als sportlich, beweglich und leistungsfähig. Wer glaubt, man müsse Fleisch essen, sei durch mein Geständnis eingeladen umzudenken. Meine Morgenbotschaft: Spar dir dein Geld für Fleisch und die 99,00 Euro für die Saugglocke und genieße den Tag. Buen Camino!

Kapitel 13: Logrono mit Abstecher nach Munilla

Gestern habe ich auf der Fahrt nach Logrono die 3.000 Kilometer geknackt, und heute fühle ich mich wie nach einem Marathon. Schon gestern Abend bin ich beim Lesen des Reiseführers angezogen auf dem Bett eingeschlafen. Um Mitternacht wurde ich wach und ging Zähne putzen, um mich dann unter die Decke zu kuscheln. Das Fenster meines Zimmers ließ ich auf. Irgendwie genoss ich die Innenstadtatmosphäre, obwohl es in der Nacht ziemlich kalt wurde. Ich legte den Schlafsack obendrauf und hatte das beste Bett auf der bisherigen Reise.

Ein Traum. In der Nacht träumte ich: Ich stand am Fenster, und zwei Jungen schauten interessiert meine BMW-Enduro an. Ich rief oben aus dem Fenster: „Die ist Klasse!" Sie schauten hoch und hoben ihre Faust mit aufgerecktem Daumen als Bestätigung, dann liefen sie weiter. Ob ich Spanisch sprach, kann ich nicht sagen, aber wir haben uns gut verstanden.

Dass ich in einer fremden Sprache träume, ist mir bisher nur in Griechenland passiert, als ich dort längere Zeit mit einem Stipendium unterwegs war. Das ist ein Zeichen des Überganges, dass die Seele so langsam dort heimisch wird, wo man gerade ist. Vielleicht ist mein heutiger Traum ja auch ein Zeichen, dass meine Seele langsam in Spanien ankommt. Ich bin seit zweieinhalb Wochen unterwegs, jeden Tag packe ich meine Sachen oder erlebe fremde Umgebungen und Rhythmen. Da nehme ich meinen heutigen körperlichen Erschöpfungszustand als Signal, einmal die Bremse zu ziehen und einen Ruhetag einzulegen. Zuhause halte ich mich gerne an die Sonntagsruhe, weil so meine Woche und mein Alltag Struktur bekommen. In diesem Sinne ist für mich der heutige Donnerstag Sonntag.

Ich habe das Gefühl, meine Seele schreit nach Ordnung und mein Körper nach Erholung. Dass das gerade hier in Logrono geschieht, ist sehr interessant, denn ich fuhr gestern Nachmittag in die Stadt hinein und fand sie nicht besonders beeindruckend. In der Altstadt hielt ich an einem Eiscafé und aß mein erstes Eis in Spanien. Ich ging mit meiner Tüte umher und fragte Gott, was ich hier sollte? Mir sei diese Stätte sehr fremd, und im Vergleich zu anderen fände ich sie nicht gerade hinreißend. Ich ging sternförmig in alle Richtungen und hielt Ausschau nach einem Signal des Herrn. Nichts. Schon wollte ich weiterfahren, da entdeckte ich in einer ganz kleinen Nebengasse ein Schild mit dem Hinweis einer Pension im 1. und 2. Stock. Heureka!

Ich aß das Eis auf, ging zum Motorrad zurück und schob es durch die Fußgängerzone zur kleinen Gasse. Als ich oben war, traf ich an der Minirezeption nicht nur einen äußerst freundlichen Spanier, sondern auch zwei Pilger, das heißt eine Pilgerin und einen Pilger. Ein Paar aus Deutschland, das schwer bepackt und erschöpft gerade privat eingecheckt hatte. Da man mir ansah, dass ich mit dem Motorrad reiste, kam von der Frau der Hinweis, ihr Mann würde auch Motorrad fahren. Ich hatte das Gefühl, sie wünschte sich, er ließe es bleiben.

Bei Motorradunfällen ist neben der Trauer auch stets die Wut präsent, weil die Zurückgebliebenen meist eine Konkurrenz zum Motorrad aufgebaut haben: Wenn du mich liebst, wenn du Familie hast, dann fährst du nicht. Wenn ich mit Männern ins Gespräch komme, erzählen sie oft davon. Doch steckt das Leben nicht voller anderer, größerer Risiken? Ein Freund bekam mit Ende 30 einen Herzinfarkt, weil er nur gearbeitet und sich um alles andere gekümmert hatte, nur nicht um sich selbst. Zum Glück überstand er diesen *Unfall* gut und zog seine Lehre daraus. Jetzt lebt er wieder mehr in Harmonie mit sich.

Ob Motorrad fahren oder etwas anderes – jeder Mensch braucht Leidenschaft. Sie ist nicht als singuläre Handlung zu sehen, sondern als Lebendigkeit, als Vitalität, die durchaus eine Pluralität entwickeln kann. In Aire sur l'Adour hatte ich mir morgens noch das Refugio angesehen, und als ich vor der Tür stand, um ein Foto zu knipsen, kam der Herbergsvater heraus. Ein gemütlich wirkender Herr mit grauen Haaren und Bart, der mich zum Kaffee einlud. Ich lehnte ab mit dem Hinweis, dass ich gerade erst gestartet sei und nicht schon wieder alle Klamotten ausziehen wolle. Da er mich gleich in englischer Sprache einlud, war diese Konversation möglich. Er verstand nicht nur meine Worte, sondern auch meine Situation. Er fügte hinzu, dass er selbst eine BMW in der Garage habe und auch Lust verspürte, diese Tour auf dem Camino einmal mit dem Motorrad zu machen. Es gebe so viel links und rechts des Weges, das man sich nicht ansehe, wenn man zu Fuß gehe. Prima, ich bin nicht alleine.

Der Herbergsvater aus Aire sur l'Adour wird sicher nicht mehr lange warten, um diesen Traum zu realisieren. Träume sind nicht immer Schäume, wir lassen sie nur leider oft als Schaum *zerknistern* (ich finde, wenn ich im Schaumbad liege und meine Ohren dicht an den Badeschaum führe, dann *zerknistert* der Schaum). Träume können auch ge- und erlebt werden. Sie müssen zwangsweise so wenig zerplatzen, wie das Motorradfahren zum Tode führt. Selbstverständlich gilt auch hier die Lebensweisheit, unterscheiden zu lernen, was man umsetzen kann und was ein Traumschloss ist, in das der Versuch eines Einzuges eine existentielle Katastrophe wäre. Am Ende wäre man ein armer Schlossherr ohne Schloss. Eine traurige Gestalt.

Wer jetzt an Don Quichotte oder Sisyphus denkt, assoziiert in diesem Sachverhalt zwar schlüssig, doch scheint mir der Hinweis des französischen Schriftstellers und Philosophen Albert Camus wichtig, dass man sich Sisyphus als glücklichen Menschen vorstellen muss. Ein interessanter Gedanke. Es ist seine Profession, sein Alltag, den Stein zu rollen. Und so schafft er tagein und tagaus, arbeitet den Stein aufwärts, um auf der anderen Seite die Erleichterung zu spüren, dass es bergab geht. Ein langer, steiniger Weg. Sisyphus wäre ziemlich orientierungslos, wenn auf einmal kein Berg mehr käme. Aus der Pädagogik und der Psychologie wissen wir, dass bei aller Last der Aufgabenerfüllung und der Rollenzuteilung ein Leben ohne Aufgabe oder Rolle kein Leben ist. Arbeitslose können ein Lied davon singen. Alle anderen auch, die in der biografischen Entwicklung schon einmal einen Rollenwechsel durchlaufen mussten. Wenn das Alte vorbei ist und Neues noch nicht erkennbar, dann läuft man ziemlich irre in der Gegend umher. Jeder Pilger, der auf weiter Flur keinen gelben Pfeil entdeckt, kennt das Gefühl. Auch hier scheint mir der Camino wieder eine gute Lebensschule zu sein.

Es gibt einen Gedanken, der den ganzen Camino als Lebensweg beschreibt: Die Geburt erfolgt in Pied de Port. Dann geht's gleich rund. Große Aufgaben warten. Ein Wechselbad der Gefühle. Aber das Leben ist frisch, und irgendwie kommt man über alle Höhen und Tiefen des Anfangs – und hat hier seine prägenden Erlebnisse. Hat man diese Klippen am Anfang des Weges hinter sich, kann man sich besser einschätzen. Spätestens in Pamplona weiß man, was noch vor einem liegt und wie viel man imstande ist zu tragen, sodass der erste Ballast abgeworfen oder nach Hause geschickt wird. Eine erste Bestandsaufnahme ist gemacht, und man denkt zu wissen, wie's geht. Die Pubertät lässt grüßen.

Ab Pamplona perfektioniert man sich. Die Abläufe werden verinnerlicht, die Sprache wird geläufiger, soziale Kontakte entstehen, die Wunden des Anfangs heilen. Jetzt kann es losgehen. Das hält meistens bis Burgos. Dann bahnt sich die Midlifecrisis an. Verstärkt durch die Monotonie des Tagesablaufes und der Hochebene Meseta läuft man leer. Viele bedürfen in dieser Phase des Weges fremder Hilfe und gönnen sich eine ruhigere Gangart oder nutzen eine Auszeit per Bus, um dann einen Neustart zu kreieren. Da kommt Leon gerade recht. Leon bietet jedem etwas kunstgeschichtlich Wertvolles. Weltoffen kommt diese Stadt in den Blick. Hier fühlt man sich über den Berg, obwohl noch zwei hohe Gebirge vor einem liegen. Aber so ist das mit Gefühl und Realität. Man ist jedenfalls über den Berg und geht die letzten 300 Kilometer an. Kaum ist Leon in guter Erinnerung zurückgeblieben, erfreut Astorga das Pilgerherz mit seiner schönen Stadt, guten Unterkünften und sehr interessanten Bauwerken. Dass der Anstieg in die Oberstadt am Ende der Etappe die letzten Kräfte fordert, steckt man in dieser Phase des Lebens weg, weil man gelernt hat zu gehen, ohne zu klagen. Man nimmt es, wie es kommt.

Nun zählt man die Strecke bis zum Ziel. Die Kilometer laufen rückwärts, wie im richtigen Leben. Alles wird in dieser Zeit schon vom Ende her betrachtet und beurteilt. Also ist die Klage über die Gebirgshöhe des Cebreiro weniger stark als die Freude über diese Schönheit der Schöpfung, über die Kraft des Leibes und das Wunder des Lebens. Der letzte große Stein im Gepäck wird hier oben am Cruz de Ferro abgelegt. Jetzt ist man frei, aufrecht und zielgerichtet für den Rest des Weges. Der führt durch eine Traumlandschaft, die aber nicht ohne Schattenseiten in Form von Regentagen ist. Aber das Leben ist ja nicht nur Sonnenschein, und wir haben gelernt, bei jedem Wetter unseren Weg zu gehen. In Sarria wird jedem klar, dass der Endspurt beginnt. Viele sind auf dem Weg. Das Alter der Pilger ist überdurchschnittlich hoch, sie kommen aus allen Herrgottsländern. Spätestens hier wird die internationale Bedeutung des Weges klar – wir sind alle auf dem Weg.

Eine zwiespältige Stimmung kommt auf. Sowohl Freude über das bald erreichte Ziel als auch Trauer, denn mit dem Ziel kommt das Ende des Weges überdeutlich ins Bewusstsein. Das verursacht Stress, denn nicht jeder kann das Ende akzeptieren, wie es kommt. Viele wirken suchend, andere enttäuscht, weil das große Ereignis ausgeblieben ist. Es trägt ja jeder seine Vorstellungen vom Weg mit sich, die immer wieder mit dem Camino verglichen werden. So bleibt es nicht aus, dass in Santiago Tränen fließen. Zu groß sind die Emotionen und die gemachten Erfahrungen. Dankbarkeit, Erschöpfung, Frust und Freude wechseln, und man fühlt sich wie am Anfang in den Bergen, obwohl man jetzt am Ende in der Stadt ist. Ist das erlebt, gesackt und verinnerlicht, läuft man überglücklich in der Stadt des Heiligen Jakobus umher, genießt das Ziel und freut sich über so manches Wiedersehen lieb gewordener Pilgerfreundinnen und -freunde. Es herrscht Feststimmung.

Für den einen ist hier das Ende, für den anderen geht es weiter, und man läuft weitere 100 Kilometer der untergehenden Sonne entgegen bis ans Ende der Welt. In Finisterre bekommt man eine zweite Urkunde, eine *Compostela,* als schöne Erinnerung und Würdigung, sich so weit aufgemacht zu haben. Der Blick vom Leuchtturm ist überwältigend. Himmel und Erde berühren sich.

Findet der fromme Christ in Santiago de Compostela sein Ziel, so kommen in Finisterre die spirituellen Gefühle in Harmonie. Hier hat normalerweise der Camino sein gutes Ende. Doch dieses offizielle Ende ist nicht das Ende des Weges. Am Ende der Welt kann keiner bleiben. Also heißt es weiterziehen und schauen, was kommt. Der Rückweg in die alte Heimat gelingt meistens noch am problemlosesten. Doch die alte Heimat passt nicht mehr zu den Veränderungen des Weges und der eigenen Person. Jetzt steht die Etappe an, zu Hause einen Weg zu finden. Auch hier gilt: Buen Camino!

In Logrono erlebe ich also meine *spätpubertäre Auszeit*. Ich brauche Zeit und kann mich nicht nur ums Vorankommen kümmern. Es gibt ja mehr im Leben als immer nur den Alltag. Das gilt auch auf dem Camino.

Da nicht nur das Fortkommen, sondern auch das Ruhen im Refugio Kraft kostet, kann ich das Ehepaar in Logrono gut verstehen, das hier in der Großstadt das Angebot einer ruhigen Alternative nutzt. Man wird ja – meistens – weiser im Alter. Ich weiß um das schlechte Gewissen, das sich einstellt, wenn man einmal den klassischen Weg verlässt. Aber eigentlich gibt es gar nicht den einen Camino. Nicht nur, weil sich im Laufe der Jahrhunderte, insbesondere durch den Bau von Autobahnen, der klassische Weg veränderte und heute entsprechend anders geleitet wird, sondern vor allem durch die Art und Weise des eigenen Weges. Der eine startet zu Hause, geht von Deutschland bis nach Santiago und fliegt dann zurück. Der andere fliegt nach Frankreich und startet in Pied de Port seinen Weg. Meine Gruppen waren stets Neueinsteiger, sodass immer nur für zwei Wochen eine machbare Strecke anvisiert wurde. Die spanische Männergruppe beschließt, die letzte offizielle Etappe von Sarria zu gehen und hat fünf Tage gemeinsam Freud und Leid erfahren. All das sind Möglichkeiten, sich auf den Weg zu machen. Es gibt nicht den einen richtigen Weg. Und den einen wahren Pilger.

Obwohl ich meine Tour mit dem *Töff*, wie die Schweizer sagen, mache, fühle ich mich als Jakobspilger. Ich trage eine Muschel in meiner Endurojacke und suche den Weg. Ich habe meinen Rhythmus, meine Last und meine Freude. Ich lerne Einheimische wie Pilger kennen. Allerdings nie die gleichen, was sonst zu Fuß passiert, weil man immer ungefähr das gleiche Tempo geht. Wer zu Fuß pilgert, trifft oft Gleichgesinnte. Das ist mit Freude verbunden, aber auch mit Last. Wie sonst im Leben. Es gibt Antipathie und Sympathie. Auf einige immer wiederkehrende Socken könnte ich getrost verzichten, aber der Herrgott weiß, was ich dadurch erfahren soll. Sie gehören auch zum Weg.

Auf recht wundersame Weise habe ich gestern noch einmal Heinz getroffen. Den netten Deutschen von meinen *Stufen der Erkenntnis*. Das Wunder bestand darin, dass ich vorgestern nicht nur entschieden hatte, der Straße zu folgen, sondern auch noch den Somport-Pass unter die Reifen zu nehmen. Das heißt, während ich über die Straße nach Osten 140 Kilometer weit fuhr, pilgerte Heinz auf dem Caminopfad 25 Kilometer nach Puente la Reina. Gestern ging er weiter, wobei sich die meisten seiner Mitläufer für das Ziel Estella entschieden, weil es eine schöne kleine Stadt ist, die ein gutes Refugio haben soll.

Ich fuhr gestern in Jaca los und verbrachte den Tag mit der inneren Einstellung, mir alles anzugucken, was auf dem Weg nach Westen lag. Ein mögliches Ziel des Tages war Logrono. Ich schaute mir das Kloster Leyro an, suchte erneut verzweifelt die kleinen Straßen des Caminos und landete wieder auf der Autobahn, weil durch wild grassierenden Autobahnbau rund um Pamplona die Ausschilderung aufhörte. Keine gelben Pfeile, kein Hinweis, also fuhr ich nach Kompass. Mit viel Zeit und etlichen Erfahrungen, dass der eingeschlagene Weg oft in einer Sackgasse endete, kam ich gegen 14.00 Uhr in Puente la Reina an und nahm einen Kaffee in der gleichen Bar wie tags zuvor. Der Kellner dachte wahrscheinlich, er hätte gerade ein Déjà-vu. Diese Szene hat er schon einmal erlebt: Ein Motorradfahrer im Enduro-Outfit kommt in die Bar, setzt sich an den Tresen und bestellt in gebrochenem Spanisch einen großen Kaffee ohne Milch. Er serviert *american coffee*, ich schlürfe genussvoll diesen schwarzen Mokka, frage nach der Rechnung, bezahle und gehe. Der Kellner denkt: „Irgendwie habe ich das schon einmal erlebt. Das muss ich wohl geträumt haben."

Die Wahrscheinlichkeit, dass ein Motorradfahrer mit einer Muschel zwei Tage hintereinander zur gleichen Zeit in die Bar kommt, um einen *american coffee* zu trinken, ist recht gering. Dass der Kellner eher an ein Déjà-vu dachte als an eine zweite Begegnung, entnahm ich seinem Verhalten, weil er keinerlei Bemerkung machte, was ich denn einen Tag lang gemacht hätte. Vielleicht war mein Auftritt auch so cool, dass sämtliche Fragen einfroren.

Diese Deutung nach Western-Werbung-Art ist nicht ganz unmöglich, denn wenn ich durchs Fernsehprogramm schalte, läuft immer irgendwo so ein ganz alter Schinken. Sollte das ein Faible der Spanier sein, war ich in der Bar sozusagen der moderne Nachfolger: Mein Stahlross stand vor der Tür, die Bar war der Saloon und ich der Fremde, der die Trägheit des Alltags störte, um kurz einen Drink zu nehmen. Die Szene endete so schnell wie sie entstand. Ich ritt davon.

Kurz hinter Puente la Reina zweigte der Wanderpfad links ab. Aber ich blieb auf der Straße. Immer wieder sah ich Pilgerscharen, weil der Weg oft in der Nähe des Straßenverlaufes entlangführte. Auch Pilger mit Hund waren dabei. Könnte das für mich eine Variante sein?

In Estella parkte ich in der Altstadt an der schönen Brücke. Irgendwie ist der Jakobsweg auch ein Weg der Brücken. Denn ohne die technischen Meisterleistungen vergangener Zeiten wäre die Blüte des Weges undenkbar. Eine Brücke entspricht heutzutage der Bedeutung eines Autobahnanschlusses. Solch eine Innovation erschließt eine Region und führt zum Austausch. Eine Autobahn ist wie eine Lebensader, auch wenn die meisten Hauptschlagadern viel Natur vernichten. Hier muss man abwägen, gute Konzepte realisieren und sich diese Trasse vorstellen, wenn wieder alles verheilt ist, das heißt, die Natur drumherum genesen und erholt. Der Bau einer Autobahn ist im Vollzug wie eine schwere OP, alles andere als schön. Es gibt Dinge, die erhalten erst im Rückblick ihren Sinn und ihre Harmonie.

Ich blieb nicht in Estella, sondern fuhr weiter Richtung Logrono, stets auf der Landstraße, die ganz und gar unbefahren war, weil sich alles auf der Autobahn tummelte. Auf diese Weise sind die Passagen, wo der Camino parallel zur Landstraße läuft, für Pilger angenehmer geworden, weil der Verkehr nun andere Wege einschlägt. Oft wird ja anschaulich beschrieben, wie nervig, ja wie lebensgefährlich der Camino auf der Landstraße sein kann. Diese gefährlichen Passagen werden durch die Autobahn entschärft.

Hinter Estella hatte ich lange keine Pilger mehr gesehen. Da es schon gegen 16.00 Uhr war, hatten die meisten sich schon ihr Quartier für den heutigen Tag gesucht. Ich nutzte diese Leere für eine weitere *Erfahrung* und bog von der Straße ab, als der Wanderpfad kreuzte. Ich wollte es noch einmal versuchen. Die Strecke war trockener als gestern, und es gab keinen Pilger, den ich hätte verärgern könnte. Also los.

Es war eine wunderbare Strecke, die sofort Lust auf Camino machte. Hohlwege, Höhenlagen und Wirtschaftswege über Gehöfte. Ich war begeistert. Dann traf ich doch noch einige Pilgerkollegen, die mich aber freundlich grüßten. Habt Dank für diese Toleranz!

Einmal fuhr ich an einem Bauernhof mit zwei großen Hunden vorbei. Sie erinnerten mich an sportliche Bernhardiner. Sie sprangen auf und bellten, wurden aber von einer Kette zurückgehalten. Ich bedauerte diese Hunde, denn es sah so aus, als ob ihr Hundeleben nichts anderes kannte als dieses Stück Erde, welches sie an ihrer Kette erschließen konnten. Das Leben als Kettenhund ist grausam, denn ein Hund ist von seiner Art für ein anderes Leben geschaffen. Hier zwängt ein Mensch widernatürlich ein Mitgeschöpf in ein Hundeleben an der Kette. Mein Herz schrie vor Kummer, aber leider hatte ich nicht die Sprachfähigkeit, mich dieses Hundeleidens auf dem Camino anzunehmen.

Ich bin der Meinung, dass wir als Christen noch weit von der umfassenden Liebe Christi entfernt sind, wenn wir so mit Tieren umgehen. Ich bin kein Buddhist, aber ich glaube, dass auch in der Bibel genug zum würdevollen Umgang mit dem Leben zu finden ist. Im Umgang mit Tieren ist das christliche Abendland meines Erachtens immer noch heidnisch. Das könnte doch die große Herausforderung des 21. Jahrhunderts werden – dass wir als Christenheit einen Umgang mit den Tieren als Mitgeschöpfe Gottes lernen. Da gibt es noch viel zu tun, und wir stehen erst am Anfang des Weges.

Nachdem ich den Bauernhof umfahren hatte, wollte ich gerade auf breiten Schotterpisten einen Pilger überholen. In diesem Moment fand das Heinz-Wunder statt: Der Pilger war Heinz, mit dem ich mich gestern an meinem *Point of return* so nett unterhalten hatte. Ich stellte den Motor aus, stieg ab, nahm den Helm ab, und wir hielten Pilgerklönschnack. Ich erfuhr seinen Namen, er erzählte von seinen ersten Lebenserfahrungen auf dem Camino, dass er sich gleich am ersten Tag Blasen gelaufen und viel zu viel Gepäck dabei habe. Trotz aller Probleme machte er einen frischen Eindruck. Dabei war er gerade 50 geworden und wollte eine Auszeit nehmen. Die Erlebnisse auf dem Camino, sagte er, seien ganz anders als die in seinem sonstigen Leben als Ingenieur. Hier hatte sich jemand aufgemacht, der voller Tatendrang und auf der Suche war. Nach was auch immer, auf jeden Fall mit schmerzhaften Begleiterscheinungen. Sisyphus lässt grüßen.

Logrono ist ein guter Platz, um einen Pausentag einzulegen. Die Stadt bietet genug Ablenkung, sei es die Jakobuskirche oder die Fußgängerzonen, die Parkanlage am Ebrofluss oder einfach die Möglichkeit, auf einem der Plätze zu sitzen, um sich das ganz normale Leben anzuschauen. Wer so wie ich mobil ist, kann sogar einen Ausflug von 150 Kilometern südwärts nach Munilla wagen – auf den Spuren der Dinosaurier.

Entspannt und bei gutem Wetter fuhr ich nachmittags nach Süden, um die dort entdeckten Saurierspuren zu besichtigen, die die Erosion freigelegt hatte. Das klang interessant. Noch spannender wurde es, als meine Karte nur die Variante per Landstraße anbot, während auf der Karte im Reiseführer eine Möglichkeit über das Gebirge eingezeichnet war. Kein Frage, welche Strecke ich nahm.

Da die Beschilderung in den Bergen fehlte, ging es nach Kompass. An den wenigen Ortshinweisen wurden beide Karten verglichen. So kam ich bis in das Bergdorf Robres del Castillo. Hier war laut Großkarte die Straße zu Ende, und auch die Hinweisschilder zeigten nur noch diesen Ort an. Der Reiseführer sagte weiter, ich fuhr weiter, und siehe da – ein Hinweis nach La Santa, den nächsten Ort. Guter Reiseführer.

Ein langes Stück Einsamkeit in den Bergen folgte. Faszinierend, eine Kurve nach der anderen. Wie in den Pyrenäen bei Pied de Port – nur ohne Schnee und ohne Pilgerhinweisschilder. Nach halbstündiger Kraxelei kam tatsächlich das Bergdorf La Santa in Sicht, wobei dieses Dorf nur aus einer alten Kirche und drei Häusern bestand, wovon zwei bewohnt schienen und eines gerade wieder hergerichtet wurde. Mich begrüßte im Dorf eine kleine Herde Pferde, die frei herumliefen und vor mir zurückwichen, weil ihnen mein Ross nicht ganz artgerecht erschien.

Ein Stück weiter stellte ich fest, dass La Santa ein Sackgassendorf war. Also was jetzt? Auf der Straßenkarte gab es La Santa überhaupt nicht – bei der Größe kein Wunder. Auf der Karte im Reiseführer war jedoch eine Zuwegung nach Munilla eingezeichnet. Ich drehte um und entdeckte an der Kirche tatsächlich einen Weg, der aber nicht mehr geteert war. Die Entscheidung, welche Richtung einzuschlagen wäre, wurde zur Vertrauensfrage, denn kurz vor dem Bergdorf war meine Reserveleuchte angesprungen. Das hieß nach den letzten Erfahrungen, dass der Sprit noch für gut 40 Kilometer reichen würde. Also nahm ich die Schotterpiste unter's Profil. Sie ging schön bergauf, eine Kurve folgte der anderen. Nach 20 Minuten Schotterpiste stand ich auf einer Kreuzung ohne Schilder. Der Reiseführer sagte links, ich fuhr nach links, auch wenn im Cockpit die gelbe Leuchte mahnte, ich solle endlich tanken.

Weiter über Schotter und Felsen, nach drei Kilometern erkannte ich aus der Ferne Häuser. Na also, die Dinosaurierspuren konnten nicht mehr weit sein. Inzwischen war es später Nachmittag, und über das Gebirge zogen dunkle Wolken. Der Wind blies heftig. Meine Euphorie legte sich schlagartig, als mich im Dorf nur eine Herde Pferde begrüßte – es war unbewohnt und ein Sackgassendorf. Nun wurde ich doch etwas unruhig, zumal die dunkelgraue Wetterfront so nah an mir vorbeizog, dass die dazugehörenden Sturmböen fast das auf dem Seitenständer geparkte Motorrad umstießen und mich der Wolkenbruch ordentlich nass machte. Jetzt nur die Nerven behalten!

Ich erinnerte mich an eine ähnliche Situation mit meiner Mutter in Griechenland bei einem Ausflug auf Euboea. Meine Mutter wollte damals trotz ihrer Angst die Situation nicht noch verschlimmern, riss aber fast den Haltegriff im Auto auf der Beifahrerseite ab, schloss die Augen und betete.

Ich versuchte mich zu beruhigen: Immerhin hatte mein Motorrad keinen Beifahrerhaltegriff, und meine Mutter war auch nicht dabei. Andererseits: Ich war hier oben ganz alleine, bis auf mein Ross mit dem leuchtenden Reservelicht und die anderen Rösser, die uns aber ablehnten. Keine langen Überlegungen: Ich musste zurück.

Nach etwa vier Kilometern Schotterpiste stand ich wieder an der Kreuzung. Mit – rechnerisch – für noch 20 Kilometer Sprit im Tank. Das würde so eben für die Umkehr nach La Santa reichen. Im ersten bewohnten Bergdorf danach müsste dann eine Tankstelle kommen.

Da aber Söhne, wenn ihre Mütter nicht dabei sind, oft Dinge tun, die ihre Mütter besser nicht wissen sollten, fuhr ich nicht Richtung La Santa zurück, sondern bog in die entgegengesetzte Richtung ab, obwohl dort die graue Wand stand. Ich wollte einfach nicht wahrhaben, dass es diese Strecke aus dem Reiseführer nicht geben sollte. Oder sollte der Verlag so tollkühn sein, Touristen in die Irre zu führen? Obwohl mir die gelbe Leuchte allmählich Sorgenfalten unter dem Helm bescherte, fuhr ich weiter. Der Kompass schwankte je nach Kurve überall hin. Im Mittel hatte ich das Gefühl, die Richtung hieße Südost, was sie auch sollte. Komischerweise oder Gott sei Dank ist in solchen Situationen bei aller Anspannung so viel Gelassenheit in mir, dass ich locker bleibe. Dadurch kann ich Fahrfehler vermeiden, die hier oben in der Wildnis fatale Folgen hätten. Wenn ich hier von der Piste abkommen, die BMW zu Schrott fahren oder mir etwas brechen würde, dann hieße das: *buenas noches.*

Meine Geduld wurde belohnt, denn oben vom Berg aus sah ich ein Dorf. Diesmal mit vielen Häusern. Ich fuhr weiter und wunderte mich wieder einmal, wie lange es dauert, bis man im Gebirge einen Ort erreicht, den man schon lange vorher gesehen hat. Dieses ganze Geschlängel und die Serpentinen auf Schotter brauchen eben ihre Zeit. Dann hielt ich vor dem großen Häusermeer und hatte einen Doppelschock: Zum einen war auch dieses Bergdorf ohne Leben, zum anderen stand ich wieder an einer Weggabelung. Ob das schöne Dorf verlassen wurde, weil nur eine Schotterpiste hierher führte, oder ob nur eine Schotterpiste hierher führte, weil das Dorf verlassen war?

Diese philosophische wie soziologische Frage musste ich zurückstellen, da meine Reserveleuchte mich zu einer gewissen Realitätsnähe mahnte.

Für den Abzweig nach links sprach, dass er bergab in die richtige Richtung laut Kompass zeigte. Außerdem führte er dicht am Dorf vorbei, sodass es sich um den alten Zubringer hätte handeln können. Der Weg rechts ab führte bergauf vom Dorf weg, hatte aber relativ frische Autospuren. Oben auf dem Bergkamm stand eine Vielzahl riesiger Windräder, deren Rotationsgeräusche schon an der Kreuzung zu hören waren. Die Autospuren hätten von einem Kontrollfahrzeug für die Windräder stammen können, das über das verlassene Dorf heraufgekommen war. Ich hatte also keine Ahnung, was zu tun war.

Eine innere Stimme riet mir, dass der untere Weg zwar der richtige sein würde, ich jedoch zuvor den anderen ein Stück befahren sollte. Ich folgte diesem Rat, der meiner Reserveleuchte krass widersprach. Es waren mindestens 40 bis 50 Windräder. Ein komisches Gefühl, so dicht an diese Technikriesen heranzufahre. Ob es Don Quichotte ähnlich ging? Ich entdeckte ein kleines Haus, an dem zwei Autos standen. Auch wenn Männer grundsätzlich nicht nach dem Weg fragen, schien mir diese Situation eine geeignete Ausnahme der Regel zu sein. Außerdem hat Don Quichotte seine Authentizität nicht mit Männergehabe erkämpft, sondern mit Leidenschaft. Diese wirkt zuweilen andersartig, erlaubt aber auch Männern zu fragen.

Also hielt ich an und fragte einen netten Spanier, wo denn der *Camino* nach Munilla sei. Immerhin kannte er diesen Ort und wies mir die Richtung entlang der Piste unter den Windrädern. Wie viele Kilometer ungefähr? „Ocho." Acht Kilometer. Könnte reichen. Ich fuhr unter den dreigliedrigen Zyklopen hindurch, und ihre rotierenden Schatten jagten mich. Ich entkam ihnen im gelernten Endurostil, aufrecht stehend in den

Fußrasten, zügig und mit langer Staubfahne. Bergab zog ich die Kupplung, damit der Motor im Standgas weniger Sprit konsumierte, an Steigungen kuppelte ich ein, gab behutsam Gas. Das spart Treibstoff und lässt einen die Spur halten, denn auf dieser Piste ging es seitlich steil ab ins Grüne.

Acht Kilometer können ganz schön lang sein, wenn man Saurier vor sich, Zyklopen hinter sich und die Reserveleuchte im Auge hat. Und doch forderte die Piste einen lockeren Fahrer. Ich machte mir inzwischen keine Gedanken mehr, denn an eine Umkehr war ohnehin nicht mehr zu denken. Jetzt ging es nur noch nach vorn. Wie die Entscheidung beim Marathon, wenn der *Hammer* kommt: Entweder breche ich den Lauf ab, oder ich entscheide mich weiterzulaufen. Aber dann bis ins Ziel.

Nicht das Ziel, sondern eine Dinosaurier-Skulptur entdeckte ich, als ich aus den Bergen kam. Der nette Spanier hatte also Recht gehabt. Ich parkte die BMW und näherte mich diesem Riesen. Wenn man ganz alleine vor einem Urtier steht inmitten gewaltiger Natur, ist man froh, wenn man seine Tatze berührt und sie tatsächlich aus Kunststoff ist. Dass solch ein Tier hier einmal vor Urzeiten lebendig spazieren ging und seine Spuren verewigte, ist unvorstellbar. Aber die Spuren sind da. Deutlich sind sie im Fels zu sehen. Ganz früher war der Fels so weich wie meine *Stufen der Erkenntnis*, sodass die Tiere ihre Abdrücke hinterließen. Die wurden überdeckt, versteinerten über die Jahrmillionen und wurden durch Erosion wieder freigelegt. Eigentlich ganz einfach. Allerdings muss man diesen Zufall erst einmal in der öden, weiten Landschaft entdecken. Wenn ich mir vorstelle, dass in Millionen von Jahren die Reifenspuren der BMW an den Stufen des Caminos auftauchen könnten, ist meine Existenz von vorgestern also zukünftige Historie.

Ob die Rekonstruktion eines Motorrades so imposant wirkt

wie diese Urgeschöpfe, darf bezweifelt werden. Hier gilt es, mit Bescheidenheit und Respekt fein säuberlich zu differenzieren, was Menschenhändewerk und was Gottes Werk ist. Meine Leidenschaft zum Motorrad trübt nicht den Blick für die Werke Gottes. Darum kann ich auch diese Tour auf dem Jakobsweg realisieren, ohne den Blick für das Spirituelle und Geistliche zu verlieren. Für mich gilt wie früher so auch heute: *soli deo gloria*, allein Gott die Ehre. Bei aller Offenheit für die Moderne mit ihrer Technik und ihrem Fortschritt weiß ich, wo meine Wurzeln gründen, die mich nähren. Gebt der Moderne, was die Zeit bringt, und Gott, was ihm seit Ewigkeit gebührt. Schon mal gehört? Ich vertraue Gott – und meiner BMW. Wobei Letztere nicht immer in meinem Leben von Wichtigkeit ist. Heute allerdings war ich sehr froh, dass sie mich so treu begleitete und sicher wieder nach Hause brachte. Wie die Eselin des Bileam aus dem vierten Buch Mose. Die erhielt von Gott allerdings eine Stimme, die BMW bislang nicht.

Von den Dinosaurierspuren bis Munilla waren es noch zwei Kilometer Schotterpiste. Dann führte mich eine Asphaltstraße in den Ort Arnedillo, der zwar herausgeputzt wirkte wie ein Kurort, aber keine Tankstelle besaß. Zwei weitere belebte Bergdörfer ohne Tankgelegenheit folgten. Erst in der kleinen Stadt Armeda kam die Erlösung in Form einer Zapfsäule. 54 Kilometer mit Reserve – ein neuer Rekord. Man braucht keine Paris-Dakar-Rallye, man muss nur mit kleinem Tank Nordspanien erkunden. Das ist Abenteuer genug. Und Dinosaurier gibt es meines Wissens in Nordafrika auch nicht.

Kapitel 14: Von Logrono nach Burgos

Nordspanien zeigt mir Mitte April die kalte Schulter. Ich starte im grauen Logrono und fahre im leichten Regen um Mittag über die Nationalstraße N 120 Richtung Burgos. Am Ende der Stadt stehen zwei Radfahrer vor der Autobahnauffahrt, die in meiner Pension übernachtet haben. Denn plötzlich verläuft die N 120 über ein Autobahnteilstück. Da ich die Autobahn mit dem Motorrad befahren darf, fädele ich ein, aber denke noch lange daran, dass der Camino mit dem Zweirad ohne Motor am schwierigsten zu bewältigen sein muss, weil die Beschilderung oft mangelhaft ausfällt. Für Fußgänger ist sie perfekt, auch wenn jeder Pilger sich im Laufe des Caminos mindestens einmal verläuft. Als Motorradfahrer kann ich mich immerhin nach den Straßenhinweisen orientieren, doch bleiben mir Umwege nicht erspart, gerade wegen des häufigen Straßenbaus. Aber die armen Fahrradfahrer – für die sind beide Nachteile vereint: Die gute Beschilderung fehlt, und überall fahren können sie auch nicht. Ich ziehe innerlich meinen Helm vor jedem Fahrradfahrer, den ich sehe.

In die mindestens 100 Pilger, die heute dicht oder oft sogar neben der Nationalstraße gingen, konnte ich mich gut hineinversetzen. Da es heute an einem Stück ohne Hoffnung regnete, liefen alle in Ponchos oder Regenanzügen. Zusätzlich strapazierte böiger Wind die Nerven, oben in den Höhenlagen der Montes de Oca fiel die ohnehin schon niedrige Temperatur auf vier Grad. Das ist *Pilgermord*.

Da liefen sie nun und stemmten sich gegen ihr kaltes, nasses Tagesschicksal. Die Ponchos flatterten wie wild umher und wehten hoch, sodass der ganze Unterkörper ungeschützt blieb. Andere hatten Outdoor-Anzüge an und Regenhüllen für ihre Rucksäcke. So sahen sie in der sattgrünen Landschaft mit dem tiefgrauen Himmel wie kleine, bunte, aufrecht gehende Schildkröten aus. Es gab alle Farbvarianten und zwischendurch immer wieder so einen Flattermann, der auf Storchenbeinen voranschritt und mit Wind und Poncho kämpfte.

Ich bedauerte und bewunderte sie zugleich, obwohl auch

ich arg zu kämpfen hatte. Mich bedauerte heute bestimmt so mancher Autofahrer, als ich auf schnurgerader Strecke in Schräglage unterwegs war, da der Wind so stark seitwärts blies. Ich musste mittig fahren, weil das Motorrad Sätze von einem Meter machte, wenn die Bö angriff. Dazu der Regen, der mich langsam durchweichte. Zwar ist meine Bekleidung regenfest, trotzdem wird sie mit der Zeit klamm und kalt, weil das Außenmaterial durchweicht. Als es in den Bergen bei Villafranca Montes de Oca merklich abkühlte, stand das Ziel meiner heutigen Etappe fest: Burgos.

Trotz der Widrigkeiten schaute ich mir noch San Juan de Ortega an. Das ist kein Dorf, sondern eine alte Klosteranlage mit Kirche, Refugio und Bar. Ersteres und Letzteres besuchte ich. Ersteres war frisch renoviert und geschichtlich interessant, Letzteres warm, weil ein Ofen brannte. Der Kaffee mobilisierte gegenwärtige Sinne.

Da ich in dem kleinen Dorf Santovenia die Kirche so bizarr empfand, wie sie, exponiert auf einem Hügel gelegen, Wind und Regen trotzte, fuhr ich über einen kleinen steilen Weg zu ihr hinauf. Leider war sie verschlossen. Das Fotografieren wurde angesichts des Wetters zum wohlgetimten Schnellakt, denn hier oben blies ein noch stärkerer Wind. Ich hatte das Gefühl, ich stünde unter einer Dusche, und irgendjemand hielte von der Seite einen großen, kalten Fön ins Badezimmer. Hinter der Kirche gab es einen kleinen Friedhof, auf dem alle Blumen verweht waren.

Über Vororte und durch Industriegebiete führte dieser Caminoabschnitt kilometerlang in den Stadtkern von Burgos. Der arme Wandersmann, der heute hier seine Etappe beendet: Den ganzen Tag Wind, Regen und Kälte und dann am Ende diese Tortur, die für einen Fußgänger mindestens eine Stunde dauert. Das ist der Leidensweg nach Burgos.

Dank meines Mobilitätskonzeptes mit x-facher Pilgergeschwindigkeit wurde mein Leidensweg verkürzt, auch wenn ich zweimal im Stadtverkehr um den Block fahren musste, weil keine rechte Herberge ausgeschildert war. Und wie es heute so zum Tag und dem Etappenende passte, goss es noch einmal so richtig in der zweiten Runde.

In der Innenstadt stellte ich die BMW ab und ging umher, um einen Hinweis zu erhaschen. Nach guten fünf Minuten stand ich tropfend im Drei-Sterne-Hotel und war gespannt, wie sie auf nasse und tropfende Motorradfahrer reagierten. Tja: Der Spanier an der Rezeption lächelte mich an, wir einigten uns nach ein paar spanischen Eingangssätzen auf Englisch, dann hatte ich ein schönes Einzelzimmer mit Frühstück. Ich holte die Maschine, stellte sie ordnungsgemäß auf die Parkzone für Zweiräder, die nur 150 Meter vom Hotel entfernt lag, und ging mit meinen zwei Gepäckstücken aufs Zimmer. Gerettet. Gepriesen sei Gott, der Herr.

Danach folgte der Pilgerritus: nasse Sachen ausziehen und verstreut zum Trocknen aufhängen, Heizung – soweit vorhanden – anwerfen und die Nähe suchen. Wenn nicht, Aufwärmeinheit im Schlafsack anpeilen und lesen, wo man jetzt eigentlich ist. Danach Spaziergang, Auftanken und Erholen beziehungsweise Tagebuch schreiben. Ist alles getan, gibt es Abendbrot.

Irgendwo in diesen Ritus wird ganz nach individuellem Verlangen die Reinigungsprozedur integriert, das heißt das Waschen der einzelnen Kleidungsstücke und der eigenen Person. Aus eigener Erfahrung weiß ich, dass im Refugio an solchen Sautagen wie diesem der Reinigungsritus meist vernachlässigt wird, weil einem sowieso den ganzen Tag nass und kalt war und ringsherum alle Leinen und Feuerstellen besetzt sind mit feuchter Tageskleidung. Die hat Priorität.

Glücklich, wer aus seinem Rucksack trockene Kleidung

zaubern kann. So wie ich heute. Nicht alle Motorradpacktaschen halten, was versprochen wird. An dieser Stelle sollte man nicht sparen. Zwar ist meine Wäsche kalt, als ich sie aus der Tasche ziehe, aber schön trocken. Meine Oma sagte immer: „Wir sind zu arm, als dass wir uns billige Sachen kaufen können." Das habe ich als Enkel immer gehört, aber nie verstanden. Jetzt verstehe ich den Sinn des Gesagten. Meine Oma war ja auch lange unterwegs und verfügte über viele Erfahrungen, die sie auf ihrem Weg gemacht hatte. Der Camino lässt immer und überall grüßen.

Kapitel 15: Von Burgos nach Leon

Der Pilgerritus hat mich wieder. Liege gerade am Nachmittag in Leon auf dem Bett und schreibe diese Zeilen. Meine Kleidung habe ich zum Trocknen aufgehängt. Auch wenn heute nicht so ein Unwetter wie gestern herrschte, so doch immerhin kräftiges Sauwetter: permanenter Regen bei acht Grad mit ständigem Wind, keine Hoffnung auf Besserung. Ich kann meinen Atem sehen. Also wieder Schildkröten- und Flattermannwetter.

Im Waschbecken des Zimmers liegen einige Kleidungsstücke im Shampoobad. Zur Feier des Tages ziert Dosenbier den Nachttisch – heute ist nicht nur Konfirmation in unserer Gemeinde zu Hause, sondern auch mein Bergfest. Das heißt Halbzeit, ab morgen geht's *bergab*, obwohl der Camino von Leon aus wieder in die Berge führt. Heute ist der Wendepunkt meiner Reisezeit. Ab morgen beginnt die zweite Etappe, aber noch nicht der Rückweg, denn ich liege noch fast 350 Kilometer vor Santiago de Compostela im Bett.

Wie die Zeit vergeht. Bekam gerade eine SMS einer Freundin aus Deutschland, dass sie mich sehr beneide um meine

Auszeit: „Keine Termine, kein Zeitdruck, keine Erwartungen von anderen." Ich konnte ihr nur antworten, dass sie Recht habe. Ich bin zu beneiden um diese wunderbare Zeit, liege gerade in meinem warmen Hotelzimmer mit Blick auf die Altstadt von Leon samt imposanter Kathedrale und trinke Dosenbier. Klingt das nicht direkt nach Caminoproll?

Für einige Pilgerfreunde vermutlich schon. „Da kommt so ein deutscher Biker und knattert den Camino entlang. Das gilt nicht." Offiziell haben sie ja Recht, und auch moralisch sind sie sicherlich auf der besseren Seite, denn sie gehen jeden Meter Schritt für Schritt. Ich hingegen fahre so wie heute 190 Kilometer oder mache kleine Spritztouren am Nachmittag, die dann bei der Rückkehr 150 Kilometer extra auf den Tacho zaubern. Andererseits friere ich wie sie und muss genauso durchhalten, da ich nie weiß, wo ich nachts schlafen werde. Auch die Länge meiner Pilgertour entspricht der Normaldauer von fünf bis sechs Wochen.

Heute in Sahagun traf ich einen älteren Deutschen, der ebenfalls gerade seine Hälfte der Zeit bedachte. Er war Anfang April am Somport-Pass gestartet. Wir waren also gleichlang unterwegs. Er knapp 500 Kilometer, ich 3.500 Kilometer. Er reiste mit Bahn, Flugzeug oder Auto zu seinem Ausgangspunkt, ich mit dem Motorrad. Wer ist authentischer?

Diese Frage war der Inhalt eines Gesprächs, das ich in Leon mit einem deutschen Ehepaar führte. Sie waren in Pamplona gestartet und machten jetzt ein Teilstück mit dem Zug, denn ihre Leiden signalisierten klar eine Überlastung, außerdem ist die Region zwischen Burgos und Leon wirklich nicht berauschend. Das weiß jeder, der den Camino kennt. Sie erzählten, welche Diskussionen es unter den Pilgerfreunden gab und wie groß die Ablehnung war, als sie sich bekannten, Hilfsmittel der Moderne in Anspruch genommen zu haben. Bei den dogmatischen Caminofreunden bist du damit mindestens Pilger 2. Klasse. „Der echte Pilger geht zu Fuß." Das sitzt in vielen Köpfen und führt oft zur Spaltung in gute und andere Pilger. Die Einteilung machen die guten, die zu Fuß, mit Fahrrad oder Pferd unterwegs sein dürfen. Das ist offiziell erlaubt, wobei der Wandersmann mindestens 100 Kilometer, der Radfahrer und Reiter mindestens 200 Kilometer per Pilgerausweis nachweisen muss. Das geschieht anhand der Stempel, die jeder im Refugio bekommt. Es soll Leute geben, die haben sich ihre Stempel geholt und sind dann trotzdem ins Hotel gegangen. Verwerflich?

Ich bin außen vor, weil ohne Legitimation unterwegs. Fahre mit zweirädrigem Hilfsmittel und übernachte in Einzelzimmern, wofür ich keinen Pilgerausweis brauche, sondern meinen *Passport* und Geld. Welch ein Luxus, welch eine Weltlichkeit. Das kann kein Peregrino sein!

Ja, mit Dogmatikern ist schwer zu leben, denn eine Seite von ihnen beansprucht zu wissen, was das Wahre ist. Meist ist es das, was sie gerade machen. Toleranz ist nicht die Stärke dieses Typus, eher Beharrlichkeit. Es ist ja gut, dass nicht alle so unterwegs sind wie ich. Und doch – so sind meine Erfahrungen nach jetzt viermaliger Caminoreise – gibt es nicht den *wahren Pilger*. Der authentische Pilger schätzt sich meines Erachtens selbst richtig ein. Wenn ich Pilgerfreunde sehe, die sich so zu Schaden pilgern, dass sie ins Krankenhaus müssen, dann frage ich mich, ob nicht ein warmes Hotelzimmer mit Ruhe und Dosenbier die bessere Wahl gewesen wäre? Wobei die Wahl des Getränkes individuell gelöst werden könnte.

Diese Auseinandersetzung um das wahre Pilgertum nimmt mit dem Ende des Weges zu, weil immer mehr Quereinsteiger hinzukommen. Ab Sarria wird es richtig voll, weil dann die letzten 100 Kilometer Fußweg beginnen. Außerdem treffen Zubringerwege aus dem Süden und dem Norden ein. Für manchen Hardcore-Pilgerfreund ist hier sowieso Schluss, weil er sich vor lauter Authentizität so verpilgert hat, dass sein Körper ihm eine klare Auszeit verordnet.

Ist doch gut, dass wir Leiber tragen. Der große Schock kommt ohnehin in Santiago selbst, wenn der arme geschundene Pilgerfreund in den Touristenrummel eingeht. Hier tummeln sich gut riechende Menschen, parken Busse, und Gutsituierte buchen eine Herberge im ehemaligen Pilgerhospital, das jetzt ein Nobelhotel ist. Wo früher Pestkranke gepflegt wurden, nehmen heute Pagen die Koffer entgegen und fahren das Luxusvehikel in die Tiefgarage. So ist die Realität, so ändern sich die Zeiten. Und wir verändern uns mit, denn wie sagte schon Wilhelm Busch: „Eins, zwei, drei im Sauseschritt läuft die Zeit, wir laufen mit."

Um dabei nicht unter die Räder zu kommen, ist eine Auszeit nicht die schlechteste Lösung. Mir wurde sie ganz wichtig, weil ich das Gefühl hatte, ich würde betriebsblind, und zwar in mehreren Funktionen. Zum einen im Beruf. Seit 20 Jahren bewege ich mich im Milieu der Kirche. Ich studierte, war im Ausland, machte meine praktische Probezeit, bis ich dann in den Dienst auf Lebenszeit übernommen wurde. Jetzt bin ich fast zehn Jahre Gemeindepfarrer und leite ein diakonisches Projekt für Motorradfahrer, die einen Unfall oder andere Probleme haben, die den Motorradschuh drücken. Dieses Projekt *Bikers Helpline* ist einmalig und entstand aus dem großen Hamburger Motorradgottesdienst, zu dem alljährlich über 100.000 Menschen kommen, 30.000 davon mit dem Motorrad. Um nicht nur einmal im Jahr mit den Bikern zu feiern, sondern ihnen ganzjährig zur Verfügung zu stehen, riefen ein Kollege und ich diesen Notruf ins Leben, was von unserer evangelischen Kirche im Norden unterstützt wurde.

Neben diesen beiden Leidenschaften, die *zweimal die*

Hälfte von Unendlich sind, wie mein Bischof damals bei der Ordination sagte, bin ich noch ehrenamtlich im Tierschutz aktiv. Ganz ohne soziales Engagement kann und möchte ich nicht leben. Außerdem bin ich verheiratet, und unsere Familien sollen auch etwas gepflegt werden. So geht die Zeit dahin. Der Terminkalender ist voll, das Haus muss in Ordnung gehalten, die Arbeit gemacht und die Bürokratie erledigt werden. Ich bin im Alltag Beamter, Bruder, Bürger, Ehemann, Freund, Individuum, Mensch, Motorradfahrer, Pilger, Prediger, Seelsorger, Sohn, Sportler, Tierschützer, Trauerbegleiter und Vorgesetzter. Alles in einer Person.

Die Tage rennen, die Jahre laufen, und das Spiegelbild, das ich betrachte, wird Tag für Tag älter. Wenn ich vom Bergfest dieser Reise rede, frage ich mich, wann der Berg meines Lebens seinen Gipfelsturm erlebte? 30 Jahre scheinen mir zu wenig, 37 sind die statistische Halbzeit, ich hoffe auf mehr. Aber die Realität macht mir deutlich, dass jetzt wohl endgültig der Berg hinter mir liegt. Nun geht es nur noch bergab. Was beim Radeln eine Wohltat ist, hört sich in Bezug auf das Leben nicht so ideal an. Selbst wenn ich jetzt noch ziemlich weit oben wäre, müsste ich deutlich über 90 Jahre alt werden. Ein langer Weg. Und die Frische des Anfangs ist nicht mehr vorhanden. Der Körper ist genauso abgelaufen wie die Schuhe auf dem Camino. Im wahren Leben befinde ich mich also zwischen Burgos und Leon.

Da ist es Zeit innezuhalten und zu überlegen, wie soll es weitergehen? Denn ein paar Herausforderungen kommen noch, und der Pilgerfriedhof in Villafranca del Bierzo erzählt die Geschichte vieler, die das geplante Ziel nicht erreichten. Der Winter kam schneller.

Auf dem Camino habe ich bis jetzt schon so viele Dinge erlebt, dass es mir schwer fällt, sie richtig zu chronologisieren. Karten und Fotos, die mir dabei helfen, gibt es auf dem Lebensweg nicht, dort ist so manche Etappe verloren gegangen.

Zwar weiß ich meist noch, wo ich war, aber es gibt keinerlei Gefühl und Bild dazu. Das Leben ist zu lang. Ist das vielleicht die Erkenntnis des Weges?

Da ich im Wikingerland aufgewachsen bin, weiß ich, dass vor 1.000 Jahren mein Leben normalerweise beendet gewesen wäre. Ich wäre schon in Asche und läge im Grabboot auf dem Weg zu Odin. Würde immerhin zu denen gehören, die die Glocke hören durften. So weit war damals die Bimmeltechnik schon, und der Thorshammer hatte eine Kreuzform. Ja, ich wäre nicht ganz heidnisch gestorben, aber die Wahrscheinlichkeit, den Jakobsweg zu gehen, wäre mathematisch ausgedrückt gleich null gewesen, im Sattel eines Motorrades sogar minus null.

Wie sich in diesen 1.000 Jahren die Welt in Europa geändert hat, sowohl in Nordspanien als auch in Süddänemark. Christianisiert wurden sie alle. Was dem Dänen sein Ansgar, ist dem Spanier sein Jakobus. Allerdings ist nicht bekannt, dass irgendein Apostel als Wikingertöter aufgelaufen ist. Dieses martialische Bild des Jakobus als Maurentöter, wie es über dem Portal der Santiagokirche in Logrono dargestellt ist, scheint mir einzigartig in den Apostelgeschichten. Normalerweise wurden sie geköpft, hier jedoch lässt der Heilige Jakobus höchst persönlich die Köpfe rollen. Dabei gelten die Mauren als sehr sozial und gesellschaftlich weit entwickelt. Bautechnik und Geistes- sowie Naturwissenschaften beweisen dies anschaulich. Natürlich waren sie in Iberia Besatzermacht, aber muss man als Heiliger gleich seine gute Kinderstube vergessen und so dazwischenfahren?

Jesus hat auch keinen Konflikt gescheut, wurde bei der Tempelreinigung zornig, aber blieb seiner Worte der Feindesliebe treu. Lieber ließ er sich peinigen als andere zu morden. Menschen wie Mutter Theresa, Martin Luther King oder Mahatma Gandhi, die ihren Wurzeln treu blieben, sind mir jedenfalls lieber als wildgewordene Apostel.

Hoffentlich wird mir nie der Geduldsfaden reißen, und hoffentlich werde ich nie anderen Werten nachlaufen, die mich am Ende über Leichen gehen lassen. Ich bin vom Saulus zum Paulus gewandelt und würde ungern am Ende vom Jakobus zum Maurentöter *Matamoros* mutieren, wobei die Mauren hier stellvertretend für Menschen stehen. Leben zu vernichten ist die größte Schuld, die wir auf uns laden können, so ist mein Gefühl auf der Höhe des Lebens. Erst auf dem langen Weg ist mir diese Erkenntnis gekommen. Wir sind Leben inmitten von Leben. So ähnlich hat es schon Albert Schweitzer formuliert, der Musiker, Theologe und Arzt war. Faszinierender Lebensweg: Er ging bis nach Afrika, die Leidenschaft ebnete ihm diesen Weg.

Anscheinend ist Bewegung eine Qualitätsform. „Wer aufbricht, der kann hoffen", so heißt es in dem schönen Kirchenlied *Vertraut den neuen Wegen*. Das ist nicht von Albert Schweitzer, aber drückt viel von den Gedanken des Caminos aus. Wer einmal anfängt loszumarschieren, der wird so viele Wege entdecken – und so viele Möglichkeiten, sie zu gehen. Irgendwann gibt's dann den eigenen Weg und das eigene Profil. Das muss nicht für immer sein, aber erkennbar und verlässlich wie der Jakobsweg selbst. Nach Zeiten der Ruhe taucht manchmal eine neue Spur auf, aber letztendlich bleibt er das, was er vorher war, der einzige, wahre und eigene Weg.

Ich will ein wenig Ruhezeit. Möchte ein bisschen am Profil feilen, um nach dieser Reise wieder meinen Weg zu gehen – erkennbar und verlässlich.

Kapitel 16: Von Leon nach Astorga

Das Wetter zeigt sich stabil gleichbleibend: Alles ist grau und feucht und kalt. Man kann den Atem sehen, wenn man in die

Luft haucht. Ich schätze sechs bis sieben Grad. *The same procedure as every day* kommt mir in den Sinn, aber so recht lachen mag ich nicht. Bin heute Morgen etwas depressiv. Wie soll es nach dem Bergfest auch sein? Der Höhepunkt ist gewesen. Ich habe gestern Abend großartig geschlemmt und bin in diesem wunderbaren Zimmer mit Blick auf die beleuchtete Kathedrale zu Bett gegangen. Tolle Samstagabendstimmung. Heute Morgen sieht alles wieder arg nach grauem Alltag aus, auch wenn heute Sonntag ist.

Ich werde mir gleich einen Kaffee nehmen und in die Kirche San Isidor gehen. Das sind zwei gute Möglichkeiten um aufzuhellen. Danach werde ich die Trumpfkarte ziehen, die Ortsveränderung als Antidepressivum, aufgewertet mit der Variante, dass die Fortbewegung per Motorrad geschieht. In Astorga soll für heute schon Schluss sein. Es wird daher nur ein kleiner Sonntagsausflug werden. Meine Stimmung wird dann hoffentlich freudiger sein, meine Klamotten aller Voraussicht nach wieder nass. Aber besser so als jetzt, wo die Kleidung zwar trocken aufgehängt ist, ich jedoch gefühlsmäßig abhänge.

Ich machte mich also auf. Der Besuch des Museums San Isidoro de Leon neben der Kirche war lehrreich. Zum einen, weil die Führung in spanischer Sprache stattfand, was für mich eine gute Übung war, bei der ich ein paar Worte und den Zusammenhang verstand, da zu den akustisch-sprachlichen Erklärungen die haptisch-zeigenden hinzukamen. Zum anderen war es theologisch spannend, die Bibliothek mit den alten Bibeln und Gesangbüchern zu sehen. Da kann ich wieder froh sein, im 21. Jahrhundert zu leben, denn meine Bibel hat das Maß einer Pralinenschachtel. Die ausgestellten Exemplare aus dem 10. und 12. Jahrhundert waren Monster, die das zulässige Gesamtgewicht meiner Enduro an die Grenzen gebracht hätten. Allein mit einem Buch wäre meine Reisetasche ausgefüllt gewesen. Als ich hörte, dass es Exemplare aus Cordoba gab, die wie die Reliquien des Isidor von Sevilla hierher in Sicherheit gebracht worden waren, stellte ich mir den armen pilgernden Mönch vor, der vor 1.000 Jahren diese Schwerstarbeit zu leisten hatte. Ich hoffe, er war nicht technikfeindlich und nahm Hilfsmittel seiner Zeit in Anspruch. Aber auch damals gab es sicherlich schon Dogmatiker, sodass der Transportzug ähnlich ausgesehen haben muss wie eine Gruppe Pilger – statt der Rucksäcke trugen sie eben gleich große Bücher.

Die Gruft der Könige erinnerte mich mit ihren Deckenmalereien stark an die Kirchen in Griechenland. Dass jedoch die Könige, Königinnen, Prinzen, Grafen und Adligen hier ihre letzte Ruhestätte finden und *den ewigen Friede schlafen* können, wie es in der deutschen Beschreibung heißt, ist zu bezweifeln, da alleine in der halben Stunde meiner Anwesenheit zwei Führungen zwischen den Sarkophagen herumliefen und von einer schlauen Dame über alles informiert wurden. Ob die Entschlafenen nicht schon jedes Wort auswendig kannten?

Ewiger Friede – da kommt ein schwieriges Gebiet auf mich zu. Wie kann ich mir den ewigen Frieden vorstellen? Nie wieder pilgern? Oder immer pilgern? Da sind die Wahlvarianten ziemlich konträr. Hier liegen sie, die Könige und Königinnen. Nach den Steinsärgen zu urteilen waren sie eher klein oder noch sehr jung. Finden sie Ruhe?

Wie ist es mit Persönlichkeit und Identität, wenn man *ausgehaucht* hat? Jeder, der schon einmal einen Verstorbenen gesehen hat, weiß, wie treffend diese Formulierung ist. Natürlich sehe ich die Person und erkenne sie wieder, aber gleichzeitig wird deutlich, dass etwas Entscheidendes fehlt – und das ist nicht der Fingerabdruck. Das Leben ist ausgehaucht. Die Atmung eingestellt. Das, was bei der Geburt mit einem Klaps auf den Po begann, hat sich wieder eingestellt.

Kein Brustkorb, der sich hebt und senkt, keine Vitalität, keine Stimme, kein Lachen, keine Worte mehr – *nada*, wie sie in Spanien sagen. Und trotzdem ist es die Person, die wir kennen. Nun liegt sie vor uns, wir erkennen sie, aber ein Miteinander ist nicht mehr möglich.

Diese Erfahrung lässt schnell den Gedanken einer Seele aufkommen, die ausgehaucht wird. Sie belebt den Körper, der aus irdischem Material zusammengebaut wurde, wie die alten Erzählungen im alten Teil der Bibel es bewahrt haben. Irdisches und Himmlisches verbinden sich, der Mensch und auch alle anderen lebendigen Geschöpfe beginnen ihr Leben. Nach dieser Vorstellung bleiben nach dem Sterben die irdischen Überreste zurück und werden würdevoll beigesetzt. Die Person aber, die Seele, lebt woanders weiter. Dort, wo sie vor dem Einhauchen schon gewesen ist – bei Gott, der das Leben allgemein ist.

Die Vorstellung der Unsterblichkeit der Seele ist in der Bibel verankert und schenkt seit Jahrtausenden vielen Menschen Trost. Gerade wenn kleine Särge zu betrauern sind, ist es gut und tröstend zu wissen, dass Gott diesen frischen Atem wieder aufnimmt. Uns beschleicht ja oft an dieser Stelle Hoffnungslosigkeit, und Wut beherrscht uns, weil auf die Warum-Frage keine Antwort passt. Das Leben war zu kurz und kam nicht zur Erfüllung. Aus der menschlichen Perspektive der Älteren, gerade der Eltern, gibt es keine Begründung für die Rechtfertigung des Todes eines Kindes.

Nun heißt es aber in der Bibel, dass auch der Leib aufersteht. Das ist ein Ärgernis, weil es unsere menschliche Verständlichkeit überfordert. Habe ich nicht die Knochen gesehen, nachdem der Leichnam exhumiert oder das Grab aufgelöst wurde? In den Klöstern liegen in der Schädelstätte fein säuberlich in Regalen, oft mit Nummer registriert, die Schädel der Verstorbenen und warten auf die Neueinkleidung des Leibes. Sind die ganz frommen Christen an dieser Stelle etwas realitätsfern?

Ich glaube nicht, trotz aller Unverständlichkeit, denn die Person ist nicht nur durch eine Seele definiert, sondern auch durch einen Körper geprägt. Die Erfahrungen von Schmerz, Erotik, Trauer hat ja stets auch körperliche Symptome. Ist der Leib nicht in Harmonie, so leidet die Seele. Ist die Seele traurig, so wird auch der Körper schwer oder krank – je nach Dauer des Zustandes. Das Leben und die Person lassen sich also schwer ohne eines von beiden ausreichend beschreiben. Sie sind die beiden Seiten einer Medaille.

Die Schwierigkeit ist, dass der Tod das zu trennen scheint, was für uns stets zusammengehört hat. Es gibt daher immer wieder weltliche Lösungsansätze, die entweder die Seele oder den Körper negieren. Das heißt, ich treffe Menschen, die die Vorstellung von einer Seele als Quatsch bezeichnen und sich ganz in die Körperlichkeit stürzen. Nach uns die Sintflut, denn nach dem irdischen Leben sind wir tot, nada. Antike Philosophen beschreiben diese heroische Haltung: „Lebst du, ist der Tod nicht. Ist der Tod da, lebst du nicht. Also was kümmerst du dich um den Tod?" Daraus ergab sich alleine die Frage des Sterbens, die *Ars morendi*. Der Griff zum Sterbebecher des Sokrates zeigt diese Einstellung stellvertretend.

Für andere ist die Grenze die Verneinung, die Ignoranz des Körpers. Alleine die Seele und ihre Sphäre zählen. Shirley Mac-Laine lässt grüßen. Der Welt enthoben, schwebt sie über dem Camino und hat Erscheinungen. Alles Irdische scheint ohne Bedeutung. Es ist eines der wenigen Bücher über den Jakobsweg, wo kaum etwas über Hunger, Lust auf Essen oder sonstigem Pilgeralltag zu finden ist. In den anderen Büchern drängt sich diese Lust stets in die Zeilen.

Diese Menschen erlebt man oft mit dem Gefühl, sie würden nicht mit beiden Beinen auf der Erde stehen. Als Motorradfahrer weiß ich, wie gefährlich es ist, die Bodenhaftung zu verlieren. Der Einzug ins Luftschloss hat seinen Reiz, ist aber nie von Dauer. Es ist schön, ein Luftschloss zu haben, aber es ist unmöglich, in einem zu wohnen. Ich komme im Leben also an meiner Bipolarität nicht vorbei. Ich bin Mensch, bin Körper, und ich bin Seele. Himmel und Erde haben sich in mir verbunden. Und Gott hat gesagt, es sei gut so.

So mache ich mich auf den Weg, das alles zu erkunden. Das ist spannend und mein Dasein oft geladen, weil ich zwischen Himmel und Erde herumirre und nach gelben Pfeilen suche. Trotz aller Spannung möchte ich meinem Leben gerecht werden, herausfinden, was Gott sich mit meinem Leben wohl gedacht hat. Wenn es ein personaler Gott ist, wie wir ihn in der christlichen Kirche bei allem Risiko der Verweltlichung weitergeben, dann ist auch mein Leben personal. Das heißt, ich bin bei Gott genauso einzigartig wie mein Fingerabdruck. Gott macht keine Gruppenbildung, er unterteilt nicht in Deutsche oder Spanier, in Pilger oder Nicht-Pilger, sondern auf unvorstellbarer Weise nimmt er jeden der acht Milliarden Menschen wahr – und wahrscheinlich auch noch anderes milliardenfaches Leben auf unserer Erde. Unvorstellbar. Aber das ist Gott.

Das Geschöpf wird den Schöpfer nie alles in allem begreifen. Das ist mathematisch, physikalisch und theologisch unmöglich. Es gibt einen qualitativen Unterschied zwischen Mensch und Gott. Auch wenn dies immer wieder in der Geschichte und im eigenen Leben als garstiger Graben erlebt wird, ist es gut, denn die Menschen, die sein wollten wie Gott, haben letzten Endes stets nur den Tod gebracht. Aber Gott ist Leben.

Mich fasziniert diese Schaffenskraft der steten Erneuerung. Ich bin immer sehr berührt, wenn ich bei Beerdigungen erlebe, wie der Krieg nicht alles an Leben geschluckt hat, sondern der gerade zu Grabe Gebrachte inmitten des Krieges gezeugt wurde. Ganz Deutschland lag in Asche, aber zwei Menschen konnten dem Lebensdrang nicht widerstehen und liebten sich, wo Hass und Lebensverachtung Alltag waren. *Die Liebe ist stärker als der Tod*, heißt es in der Bibel, und dafür gibt es viele gute Beispiele, selbst aus dem Nazi-Deutschland.

Der Körper gehört zu mir. Wie viele Erfahrungen fehlten, wenn ich ihn nicht hätte? Ich bin zum Beispiel männlich, habe O-Beine, bin groß und blond. Allein hier in Spanien fällt mein Körper auf, weil er anders ist. Das prägt mein Leben. Ich gehe nirgendwo hin, ohne aufzufallen. Auch im Alltag muss ich lernen, meinen Körper zu akzeptieren. Er gehört zu mir, ist mein Äußeres, oder biblisch mit Paulus ausgedrückt ist mein Körper ein *Tempel Gottes*. Er wohnt in mir, wie das schöne Wort aus dem Galaterbrief, zweites Kapitel, formuliert. Dass sich der Körper angreifbar macht, mich Schwankungen unterwirft, mir Grenzen setzt, das muss ich nicht nur auf dem Jakobsweg lernen, sondern jeden Tag im Leben. Damit müssen wir umgehen.

Es gibt selbstverständlich spannungsreiche körperliche Erfahrungen, die die Frage aufwerfen, wann ich endlich davon befreit werde? Zum einen denke ich an körperliche Behinderungen, zum anderen an die körperliche Gebrechlichkeit am Ende des Lebens. Die Vorstellung, dass ich bei einer Auferstehung erneut gehandicapt bin, ist so etwas wie die Verdammnis in Ewigkeit. Denn wenn ich schon im Irdischen mit körperlichen Deformationen leben lernen musste, so möchte ich wenigstens im Himmel nicht noch weiter diskriminiert werden.

Diese Vorstellung von körperlicher Auferstehung würde dem Verständnis eines liebenden, gerechten Gottes völlig widersprechen. Ich glaube dennoch, es bleibt in Anbetracht der Fülle des Lebens bei einer Auferstehung von Seele und Leib.

Allerdings muss ich mir die körperliche Neueinkleidung anders vorstellen als eine bloße Rekonstruktion des irdischen Körpers. Zum einen werden wir im Himmel wieder erkennbar sein für die, die uns kennen. Hitler hat also schlechte Karten. Zum anderen sind dann alle ihres Handicaps enthoben. Die irdischen Erfahrungen sind quasi in der DNS abgespeichert und mit der Seele in den Himmel gekommen. Dort gibt es neue Dimensionen und neue Bedingungen des Lebens bei Beachtung und Wahrnehmung aller irdischen Erfahrungen. Ich denke gerade an den abgestürzten Engel aus dem Film *Stadt der Engel*, der mir die Faszination der irdischen Körperlichkeit deutlich vor Augen führte.

Auf alle Fälle wird die Lebensspannung durch die Wiederauferstehung nicht aufgelöst, denn das wäre Tod und Stillstand im Leben. Wie bei meiner Motorradbatterie, die den Motor nur zum Leben erweckt, wenn sie genug Spannung hat. Ich glaube, jede und jeder von uns muss einen Weg finden, mit dieser Spannung umzugehen und ebenso einen gangbaren Pfad zwischen Himmel und Erde. Der Camino ruft.

Kapitel 17: Von Astorga nach Villafranca del Bierzo

Der Pilgerritus hat mich wieder. Jetzt liege ich in Villafranca del Bierzo im Hostalzimmer und schreibe, nachdem zuerst ich und dann ausgewählte Kleidungsstücke unter die Dusche durften. Es war heute mal wieder einer dieser besonderen Tage auf dem Camino. Heute Morgen war ich gerädert, hatte in der Nacht wegen starker Kopfschmerzen sogar ein Schmerzmittel genommen. Dann ging ich quer durch Astorgas Altstadt zum Pilgermuseum, aber das war um halb elf noch nicht geöffnet: in der Nebensaison erst ab elf Uhr. Also ging ich zurück und trank auf dem Marktplatz einen Kaffee. Dabei blieb es nicht, und bei der zweiten Tasse und dem Blick in einen tiefgrauen Himmel fasste ich den Entschluss, noch einen weiteren Tag in meiner Supereinfach-Pension zu bleiben. Doch das gehe nicht, hieß es. Also Klamotten packen und los. Anscheinend sollte ich heute doch *on the road again*.

Und siehe da, ich blieb vom großen Regen verschont. Auf kurze Schauer folgten stets lange Trockenzeiten mit etwas Sonne. Ich kletterte die Leonischen Berge hinauf, bis ich mich hinter Rabanal komplett in den Wolken befand. Ab Foncebadon gab es bei kaltem Feuchtklima keine 50 Meter Sichtweite mehr. Ich fuhr ganz langsam, denn immer wieder gingen Pilgerfreunde auf der Straße. Die Wege waren einfach zu matschig und teilweise wegen riesiger Pfützen unpassierbar. Schnee gab's zum Glück nicht mehr.

Das Cruz de Ferro wurde im Nebel besichtigt. Ich traf dort eine kleine bayerische Truppe, die ganz begeistert war, dass ich mit einer BMW von Deutschland hierher gefahren war. Sie machten ein Foto von uns und meinten, dass das sein müsste als Beweis. Überhaupt traf ich heute äußerst viele gut gelaunte Menschen, sehr viele Deutsche, und das trotz des miesen Wetters. Ich staunte und bewunderte diese Wanderer, die sich bei einer solchen Matsche ihren Weg bahnten.

Ab El Acebo hatte ich wieder Fernsicht und beschloss, vier Kilometer ins Tal zu fahren, um eine uralte Wassermühle zu besichtigen. Da sie nur über einen Trampelpfad zu erreichen ist und der Parkplatz gerade leer war, nahm ich das Motorrad und fuhr direkt zur Mühle. Mit der Enduro ging es gerade so. Als Fußgänger sollte man sich diesen Ausflug von acht Kilometern und fetter Steigung gut überlegen, denn so ergreifend ist diese Mühle auch wieder nicht. Wer jedoch gerne technische Meilensteine begutachtet, nimmt sich am besten in El Acebo frühzeitig ein Zimmer und geht die Tour nachmittags ohne Gepäck. Alles andere ist Hardcore.

Die Strecke weiter nach Molinaseca war toll, viele Serpentinen, leider auf nassem Asphalt. Vorsicht war geboten. Vor Ponferrada fuhr ich den Pilgerweg entlang und gelangte so zur Tempelburg, die so viele Fragen zum Orden der Tempelritter aufkommen lässt. Paulo Coelho steigert sich richtig in diese Ordensgeschichte hinein und hat ein sehr abenteuerliches Caminobuch geschrieben, das für mich mehr in die Gattung Science-Fiction gehört. Die Burg sieht genau so aus, wie ich das als Kind schon immer liebte, halt richtig klassisch. So werden bei mir hier eher Kindheits-Spielerinnerungen wach als irgendwelche mystischen Rittergeschichten.

In der Altstadt am Marktplatz nahm ich einen Kaffee und ein Stück Kuchen zu mir und betrachtete die Kinder und Jugendlichen, die gerade aus der Schule kamen. Die haben ihren Camino vor sich, dachte ich und war froh, diese Etappe schon gelaufen zu sein. Ich habe die Schule eigentlich nie gemocht, obwohl ich gut war. Zu viel Theorie, zu wenig Praxis. Ich sehnte mich nach mehr frischer Luft.

In Ponferrada wollte ich nicht bleiben. Irgendwie sprang der Funke nicht über. Also fuhr ich weiter, was gar nicht einfach war, weil der Camino mal wieder schlecht ausgeschildert war. Zum Glück wusste ich noch von meinen früheren Touren die ungefähre Richtung. Dennoch umkurvte ich so manchen Kreisel zweimal. Die Städte sind stets schwierig – für Fußgänger, Radfahrer und auch Menschen wie mich.

Nun folgte ich wieder kleinen Wegen und begegnete lange Zeit keinem Pilger mehr. Da es schon Nachmittag war, brach wohl keiner mehr auf, die Stadt zu verlassen. Erst vor den nächsten Orten mit Refugios kamen wieder vereinzelt einige in Sichtweite.

Das Haus in Cacabelos hatte noch geschlossen, und ich bekam Mitleid mit den Läufern. Denn für sie hieß es, weiterzumarschieren. Bis nach Villafranca sind es noch einmal acht

Kilometer, etwa zwei Stunden Gehzeit. Wenn man sich sein Ziel des Tages in Cacabelos gesteckt hat, wird es brutal, sich noch einmal aufzuraffen. Ganz fies ist die Tatsache, dass gleich nach dem geschlossenen Refugio die Straße und der Camino stetig ansteigen. Hat man diese eineinhalb Kilometer geschafft, schlängelt sich ein schöner Weg durch die Weinberge. Aber es sind Hügel, und der Weg ist steinig oder matschig. Ich glaube, dass heute so mancher Caminofreund geflucht hat. Es ist schon nervig genug, wenn's regnet. Dann wird man auch noch dreckig, weil diese nasse Erde die Hose bis zu den Knien dekoriert. Ich konnte es deshalb gut verstehen, als ich einige Pilgerfreunde im noblen Parador-Hotel einkehren sah.

Von den beiden Refugios vor Ort hat das *Ave Felix* den Ruf, das urigste auf dem ganzen Jakobsweg zu sein. Da kann nur noch das in Manjarin mithalten, das aber nicht als Refugio gilt, weil es aus Wellblechhütten besteht.

Gute 100 Kilometer Jakobsweg sind heute zusammengekommen. Dass ich – wieder einmal – das Cruz de Ferro nur im Nebel gesehen habe, muss ich verschmerzen. Wahrscheinlich gibt es nur eine Minderheit von Caminogängern, die diese Gegend um Foncebadon bei guter Sicht erleben durften.

Erstaunlich ist weiterhin die Vielzahl der Pilger. Heute waren es wieder weit über 100 Leute, die sich bei Wind und Wetter aufgemacht haben. Männer wie Frauen scheinen gleichermaßen stark vertreten. Das Alter liegt etwa im zweiten Lebensabschnitt. Umso mehr meine Bewunderung vor der erbrachten Leistung.

Ich bewundere auch die BMW, die heute mal wieder störungsfrei durch Wind und Regen sowie gut 25 Kilometer über Steine und durch Matsch fuhr. Sie macht alles klaglos mit. Jetzt steht sie trocken in der Garage, denn dieses Hostal direkt am Fluss ist sehr ordentlich und nett geführt. Mir wurde gleich ein

Platz in der Garage freigemacht, die normalerweise als Lagerraum dient. So bin ich über den Aufbruch aus Astorga nicht traurig. Zwar war ich nicht im Pilgermuseum, kann aber statt in einem einfachen Zimmer nun im Zwei-Sterne-Ambiente neue Kraft sammeln. Der Herr führt doch wunderbar meinen Weg.

Beim Stichwort Weg vielleicht noch ein Gedanke zum gestrigen Thema der Wiederauferstehung. Der Komplex von Leben und Tod ist eine der Lebensfragen, die keine Antwort finden wird, solange wir noch atmen und auf dem irdischen Camino unterwegs sind. Da bleibt vor allem die zeitliche Dimension unbestimmt, wann die Wandlung geschehen wird. Denn derzeit liegen ja noch unzählige Körperreste im Regal oder in Särgen und warten auf eine Neueinkleidung. Die Bibel beschreibt diese Wandlung mit dem Kommen Christi. Es ist das letzte Buch im biblischen Kanon. Die Offenbarung. Ein Buch wie ein Traum, schwer zu verstehen, weil viele Visionen beschrieben werden, die so unmöglich erscheinen. Bekannt sind die sieben Engel mit den sieben Posaunen und das Buch mit den sieben Siegeln. Auch der Gedanke des 1.000-jährigen Reiches fußt hier. Bei aller Wirrnis bleibt letztendlich das positive Gefühl zurück; wie bei einem Traum, wenn ich morgens erwache und nichts Genaues mehr rekonstruieren kann, aber die schöne Quintessenz geblieben ist. Am Ende dieser Offenbarung kommt Gottes neue Welt, und es gibt keine Tränen mehr, kein Geschrei, keinen Schmerz. Es herrscht Frieden. Gott wohnt mitten unter uns, und wir alle sind ein Volk – sein Volk.

Hier erfüllt sich, was im Paradies begonnen hat und zwischendurch zerbrach. Die Menschen hatten andere Vorstellungen und gingen andere Wege. Hier ruht als Mythologie die Entwicklungsgeschichte von uns Menschen. Zuerst die Harmonie des Anfangs. Dann die Wirrungen der Pubertät, die Selbstfindung und der lange Pfad zum Ziel, zu dem wir alle unterwegs sind. Die Bibel ist im Grunde eine lange Caminobeschreibung, viele Pilger erzählen darin ihre Erfahrungen, nur dass der Anfang nicht Pied de Port, sondern Gott selbst ist, und das Ziel nicht Santiago, sondern Gottes bleibende Stadt. So gleichen sich die Pilgerbücher. Die einen handeln vom Jakobsweg, die anderen vom Weg des eigenen Lebens, die Bibel erzählt vom langen Weg der Menschheit zu Gott.

Gerade blättere ich im Reiseführer, der die Kathedrale von Burgos als die schönste auf dem Jakobsweg anpreist. Finde ich ja nicht. Die Kathedrale von Burgos ist sicherlich imposant, sie erinnert mich an den Kölner Dom. Allerdings ist der Kölner Dom ohne Eintritt zu haben. Als ich in Burgos am Treppenaufgang zur Kathedrale den Hinweis *Ticketbüro* las, aktivierten sich in mir protestantische Gene und ich ging nicht hinein. Ich habe nichts dagegen, Eintritte zu zahlen, aber Kirchen müssen unentgeltlich zugänglich sein. Sie wurden schon durch Gläubige der Kirche finanziert, und eine moderne Form des Ablasses kommt für mich nicht in Frage. Die Verantwortlichen sollten sich eine andere Art der Spendenbeschaffung überlegen. Ich stelle mir vor, ich bin als Pilger unterwegs und habe mich gerade stundenlang durch Industrieviertel gequält, um dann an der Kathedrale zur Kasse gebeten zu werden. Da ist der Frust genauso groß wie beim geschlossenen Refugio.

Wie anders doch Leon. Die Kathedrale ist schöner, schlichter und frei zugänglich. Die bunten Farben der alten Fenster geben dem Kirchenraum eine unbeschreibliche Atmosphäre. Das ist eine Kathedrale.

Heute ganz angetan bin ich von der Stiftskirche in Villafranca. Von außen vermutete ich nichts Besonderes und ging zur Abendbesinnung hinein. Dann der Aha-Effekt. Großartig! Die Bautechnik ist faszinierend und die schlichte Eleganz ganz nach meinem evangelischen Geschmack. Die katholische

Kirche hat mir oft zu viele Altäre, ihre Mächtigkeit ist erdrückend. Die Santiago-Kirche hier im Ort ist ebenfalls ganz schlicht. In solchen Kirchenräumen komme ich eher zur Ruhe.

Relativ unruhig habe ich vor zwei Tagen die Strecke zwischen Burgos und Leon überbrückt. Zum einen sind Großstädte immer schwer auszuhalten für Pilger, da der moderne Industriegürtel kein richtiges Caminogefühl aufkommen lässt. Zum anderen ist dieser Abschnitt als öde verrufen, obwohl ich es nicht so schlimm fand. Da das Wetter miserabel war, spulte ich diese knapp 200 Kilometer als Tagesetappe ab – das ist achtfache Pilgergeschwindigkeit. Normalerweise geht man eine Woche. Eine lange Zeit, die oft an Straßen entlangführt und nur durch kleine unscheinbare Dörfer unterbrochen wird, in denen einzig die Landwirtschaft den Ton angibt. Wenn jemand den Jakobsweg verkürzen will, drängt sich dieser Abschnitt förmlich auf. Nicht nur Prominente haben sich weise für den Bus entschieden und die Meseta-Ebene lieber beim Fahren angeschaut. Die Kräfte sind woanders besser eingesetzt, zum Beispiel auf der Etappe von Santiago nach Finisterre. Aber das ist nur mein persönlicher Tipp.

Wer gesund ist und eingelaufen, den schreckt diese Überlandpassage nicht. Alle anderen aber sollten ruhig taktisch pilgern, bevor sie im Dogmatismus sterben. Richtig ärgerlich wird's nämlich, wenn man von Astorga bis Sarria mit dem Bus fahren muss, weil die Region des Bierzo und des beginnenden Galiciens überwältigend, vielseitig und kulturell höchst interessant ist. Es ist wie beim Marathon: Man muss eine Taktik haben und im Lauf reagieren können, um am Ende gut ins Ziel zu kommen. Was nützt es, wenn ich bis Kilometer 32 Bestzeit laufe, aber mit dem Sanitätsfahrzeug ans Ziel komme. Da laufe ich lieber eine langsamere Zeit, erreiche das Ziel aber auf eigenen Beinen.

Leider unterliegen wir ja alle gewissen Zwängen. Die wenigsten können sich die fünf bis sechs Wochen für den ganzen rund 800 Kilometer langen Weg freischaufeln. Normalerweise gehen Pilger nur gut zwei Wochen, weil die restliche Urlaubszeit verplant ist für Familie und anderes.

Wenn ich mit Gruppen auf Tour gehe, sind zwischen 14 und 17 Tage realisierbar – je nachdem wie die Flüge passen. Das heißt, wir sind zwölf Tage auf dem Camino, denn es braucht sowohl einen Tag der Anreise als auch einen Tag der Abreise von und nach Deutschland, wenn man sich für das Flugzeug entscheidet. Mit dem Zug dauert es länger. Per Nachtzug nach Paris, am Tag bis Bayonne und Pied de Port. Das ist anstrengend. Die meisten Deutschen, die ich hier treffe, berichten, dass sie über Pamplona gekommen sind. Dorthin scheint es günstige Flugverbindungen zu geben.

Man muss sich reiflich überlegen, was man in welcher Zeit schaffen möchte. Als gut Trainierter schaffe ich durchschnittlich 25 Kilometer am Tag, also in zwölf Tagen 300 Kilometer. Wer spontan aufbricht und nicht in Badelatschen enden will, sollte weniger einplanen. Ich halte es für keine Schande, in Sarria zu beginnen, sodass die offiziellen Bedingungen erfüllt sind, um dann in aller Ruhe die 120 Kilometer bis Santiago anzugehen. So bleiben mehr Reserven für Erkundungen in der Stadt des Heiligen Apostels und eventuell, wenn alles gut lief, die Möglichkeit eines Ausflugs nach Finisterre.

Ich weiß, dass diese Minitour nichts für die deutsche Mentalität ist, sondern eher etwas für die spanische Männergruppe, aber vielleicht fängt ja hier schon die erste Umkehrerfahrung an. Nicht dein, sondern Gottes Wille geschehe. Also bleibe gelassen – oder nimm dir ausreichend Zeit für die ganze Strecke und für dich, sodass du sie gehend überstehst. Denn bei aller Strapaze ist es die Aufgabe des Caminowanderers, freundlich und fröhlich zu sein, auch wenn auf einmal eine Enduro von hinten durch die Natur anrollt. Wer dann mit Neid, Hass, Groll oder Verspanntheit reagiert, kann eigentlich gleich wieder zurück und von vorne anfangen, denn er hat sein Ziel der Gelassenheit nicht erreicht. Eigentlich bin ich nichts anderes als ein *Caminoprüfer*, wenn ich langsam auf den Wanderwegen dahinrolle. Wer das gelassen erträgt, ist gut davor und fast am Ziel. Alle anderen sind schwer geprüft.

Prüfsteine gibt es bei jeder Jakobswegwanderung. Es sind oft Menschen, die immer vor dir im Refugio sind und die besten Plätze haben, im Zimmer, auf der Wäscheleine und im Restaurant. Irgendwie triffst du sie ständig, und stets sind sie vor dir. Manchmal erwischst du dich, dass du anfängst zu glauben, sie hätten heimlich ein Begleitfahrzeug dabei. Das gibt es nämlich auch. Manche Pilger lassen sich von ihm – ganz offiziell – ihr Gepäck transportieren. Dann gibt es Fahrradfahrer, die im Refugio stets ungemein viel herumraschen, weil sie viel dabei und alles in Plastiktüten verstaut haben. Nicht zu vergessen die Quereinsteiger, Etappenfahrer und Privatzimmerausgeruhten. Für die wenigen Pilger, die die ganze Strecke und alle Nächte im Refugio durchgestanden haben, sind solche Mitstreiter reine Anfechtung.

Ruhig Blut also. Denn letztendlich prüft der Parador-Hotelschläfer genauso wie ich, der Endurist. Erst wenn ich mit aller Gelassenheit jedem seinen Weg gönnen kann, war für mich der Camino ein Erfolg. Die Abschlussprüfung, die findet in Santiago statt.

Im Grunde ist es dasselbe wie unter Motorradfahrern. Man respektiert und grüßt sich, alle duzen sich. Es gibt keine Unterschiede, egal ob Beamter oder Arbeiter, Mann oder Frau, Studierter oder ungelernter Jobber. Das Motorrad verbindet, ganz egal auf welcher Art Maschine man sitzt. Der finnische Harleyfahrer übernachtete heute in Villafranca im Hotel, ich, der BMW-Endurist aus Deutschland im Hostal. Gemeinsamkeiten und Unterschiede.

Kapitel 18: Von Villafranca del Bierzo nach Sarria

Sarria, in einer Pension an der Hauptstraße. Hinter mir liegt ein ausgiebiger Spaziergang in die Oberstadt und zur Burgruine. Wenn man es anders kennt, ist die Leere in den Straßen gespenstisch, aber da es auch heute wieder ohne Unterlass regnet, entsteht kein Leben in den Gassen. Die Einheimischen halten sich eher in der Unterstadt auf, und die Pilger, die in einer der vier Herbergen eingekehrt sind, dürften ziemlich platt sein, denn die Wege sind alle durch den tagelangen Dauerregen aufgeweicht und tief matschig.

Heute traf ich auf der Straße unzählige Pilger. Jetzt, vier Tage vor dem Ziel, lässt sich keiner mehr vom falschen Ehrgeiz in den Sumpf treiben. Da geht man lieber einen nicht ganz so schönen Weg, ist aber gut zu Fuß und auch noch einigermaßen sauber. Außerdem hätte man von der bezaubernden Schönheit der Natur wenig – sowohl der Berg Cebreiro als auch der Alto de Pio lagen in tiefen Wolken. Sichtweise unter 50 Meter. Ich bin froh, dass mit Mut zur Farbigkeit ein Trend zu mehr Sicherheit gesetzt wird, denn auf der Straße erkennt man die Pilgerfreunde mit buntem Outfit wesentlich besser als die förstermäßig oliv Gekleideten. Zumal wenn das Helmvisier betropft und beschlagen ist. Es kam auch vor, dass Pärchen nebeneinander auf der rechten Spur gingen, selbst bei kurviger Straßenführung. Ich als Motorradfahrer kam noch gut an dieser *Überraschung* vorbei, aber ein Auto?

Am Cebreiro gestand mir ein älterer Deutscher, dass er sich nun ein Taxi rufen würde. Er war seit zwei Wochen unterwegs und hatte die letzten drei Tage keine Sonne gesehen. Nun war er moralisch am Ende und wollte sich zum nächsten Ort Triacastella fahren lassen, denn jetzt noch zwei Stunden Nebelabstieg würden seine Kräfte übersteigen. Ich pflichtete ihm bei.

Das Bergdorf Cebreiro ist für mich das kleine Santiago,

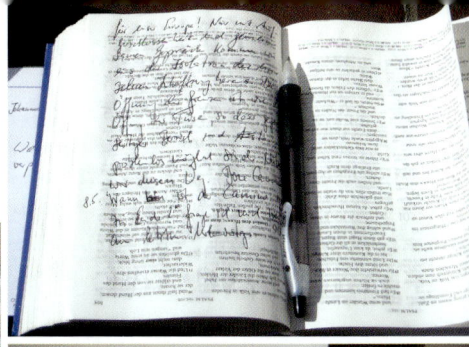

Besuch in Einsiedeln (oben links). Tagebuch schreiben in der Bibel (ganz oben rechts).
Spärliches Pilgergepäck (oben rechts). Der Pilgerweg bei Lungern in der Schweiz (unten).

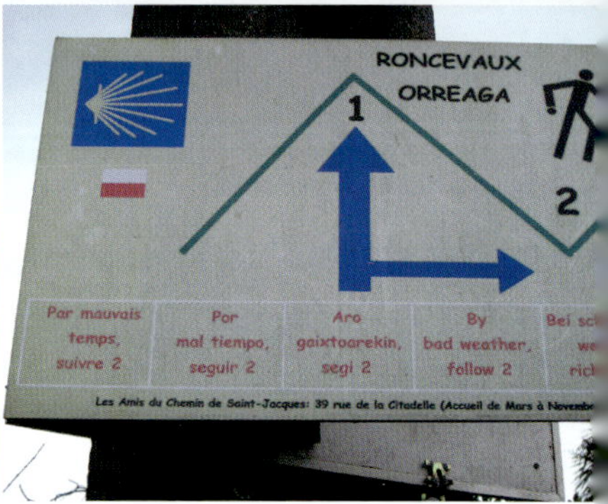

Via Podiensis in Frankreich (oben links). Gebirgsstädtchen Conques (ganz oben rechts). Hinweisschild f[ür] schlechtes Wetter (oben rechts). Start des Camino frances (unten links). Wäsche-Trockner (unten rechts[).]

Orientierungsprobleme bei Nebel und Schnee in den spanischen Pyrenäen (oben).
Bei etwas besserer Sicht auf dem Weg nach Roncesvalles (unten).

Somport-Pass (o. links). Jakobsweg hinter Pamplona (o. rechts). Puente la Reina (u. links). „Vorsicht Pilgerwechsel" (ganz u. links). Monotonie des Weges (u. rechts). Wasser und Wein gratis (ganz u. recht

Bei Munilla wird der Sprit knapp (ganz oben). Anti-Atom-Plakat (oben links).
Verlassenes Dorf in den Bergen (oben rechts). Refugio mit Tankstelle beim Kloster Samos (unten).

Die Burg der Tempelritter in Ponferrada (oben links). Auch Störche pilgern nach Nordspanien (oben rechts). Eine bunte „Schildkröte" in den Montes de Leon (unten).

Der Weg führt durch das Haus (oben). Cruz de Ferro (unten links). Galicischer Vorratsspeicher (ganz unten links). Die Kathedrale in Santiago de Compostela (unten rechts).

Die Seefahrerkapelle San Juan de Gatzelugatxe bei Guernica (oben).
Anti-Pilger mit viel Gepäck in Oviedo (unten links). Vor dem Eiffelturm in Paris (unten rechts).

denn man kommt aus der Wildnis, aus dem Dreck in diesen alten Ort auf dem Berg. Es war heute kalt, windig und neblig, trotzdem hatte der Omnibus wieder einen Schwung Asiaten ausgeschüttet, die alles ablichten, was nur irgendwie zu Hause vorzeigbar sein könnte. Zu diesen Touristenscharen kommt permanente galicische Regionalmusik, die aus dem Souvenir-shop laut durch die Gasse hallt. In der Bar ist stets Hektik angesagt, denn die durchgeweichten, entkräfteten Pilger sind kurz angebunden und brauchen dringend eine Pause mit Kaffee und Speise. Alle Möglichkeiten stehen oder hängen voll mit Rucksäcken und nasser Kleidung. Zwischen den Steinhäusern mit Strohdach parken die Autos der Einheimischen oder die Lieferwagen, die gerade das herankarren, was Pilger und Asiaten so kaufen oder essen. Die Stimmung ist bizarr und mindestens ebenso krass wie in Santiago.

Die Reiseleiterin des Asiatentransportes sprach mich an, weil sie auf meinem Motorrad das deutsche Nummernschild erkannte, und ich mich nicht in die Bar verdrückte, sondern überall herumlief, um die Stimmung in mich aufzunehmen. Sie erzählte, ihre Gruppe seien Chinesen, die eine Europatour machen würden. Sie selbst habe schon ein paar Jahre in Düsseldorf gelebt und wohne zurzeit in Shanghai. Deutschland habe ihr sehr gut gefallen. Es sei alles so sauber und die Deutschen so freundlich.

Die Dame war wohl pädagogisch geschult, denn nach ihren Komplimenten konnte ich gar nicht mehr ärgerlich sein und mich über das Wetter aufregen. Wahrscheinlich dachte sie im Angesicht meiner durchfeuchteten Erscheinung und meiner Helm-Plattfrisur: „Der Junge braucht dringend positive Worte, sonst fährt er gleich Taxi." Das nenne ich Empathie und internationale Zusammenarbeit. Wir zogen beide freudig unserer Wege, denn sie freute sich sichtlich, durch mich deutsche Erfahrungen wiederbeleben zu können, und ich fühlte mich geschmeichelt und ging ebenfalls *gewärmt* voran.

Am Refugio traf ich einen Deutschen aus Oldenburg, der ebenfalls nicht vor Ort bleiben wollte, auch wenn er gerne die Tageseinheit abgehakt hätte. Er wollte noch ins nächste Dorf, denn Cebreiro war ihm zu *unlebendig*, wie er es formulierte. Ob die kommenden Bergnester mehr bieten würden, wagte ich zu bezweifeln. Wenigstens würden dort keine knipsenden Asiaten in der Straße stehen und auf matschige Pilger warten. Ich hoffte, dass der Ostfriese seinen Tagesfrieden finden würde.

Gestern Abend in einer Bar in Villafranca trank ich eine Cerveza und hörte am Tisch drei Pilgern zu, die Bayerisch miteinander sprachen. Zwei Männer und eine Frau. Sie äußerte ihre Angst, lebendig begraben zu werden. Die Männer hörten ganz sachlich zu und meinten, sie brauche keine Bedenken zu haben, so etwas würde nicht passieren. Sie sprachen auf zwei verschiedenen Ebenen, und die Frau erkannte sofort, dass ihre Begleiter nicht über Emotionen reden wollten. Als ich ging, schwiegen die drei schon eine längere Zeit am Tisch.

Von der Angst, lebendig begraben zu werden, habe ich schon öfter gehört. Dabei erzählen mir die Leute, dass sie sich deshalb lieber verbrennen lassen wollen. Nicht dass sie eines Tage noch atmend im Sarg liegen und die Würmer kommen. Diese Fantasie ist insofern interessant, weil sie die Realität völlig ausblendet. Denn wenn ich durch einen Fehler lebendig begraben oder lebendig verbrannt werde, ist das beides nicht der Traum vom gesegneten Sterben. Die Vorstellung, ich liege in dieser Röhre und man heizt mir mächtig ein, lässt ein Ohnmachtsgefühl aufkommen. Das Glück im Unglück ist, dass diese Verbrennung heutzutage wesentlich professioneller abläuft als bei meinen Geschwistern im Glauben, die noch auf den Scheiterhaufen gestellt wurden.

Auch die Vorstellung mit den Würmern ist ganz am Verlauf des Sterbens vorbeigedacht. Denn bis Würmer von außen zu mir durchdringen, bin ich schon tot, auch wenn sie mich lebendig beerdigt hätten. Selbst wenn die Verwandten mir den billigsten Sarg gespendet haben, ist er so stabil, dass er erst nach Monaten zusammensackt. So lange liege ich sicher vor Würmern in der Erde.

Dennoch wird die Luft schnell knapp, außerdem ist die Nahrungsaufnahme nicht gesichert. Wie wir vom Camino wissen, sind damit zwei wesentliche Voraussetzungen zum Weitergehen nicht gegeben. Ich bleibe also liegen, werde matt und gefrustet einschlafen, um dann zu ersticken. Nun bin ich das zweite Mal gestorben. Diesmal aber richtig. Doch selbst dann kommen nicht die Würmer von außen, sondern ich löse mich selbst auf, denn meine Biologie lebt weiter. Nachdem mein Körper nicht mehr im Kreislauf zirkuliert, sondern seine Funktionen einstellt, beginnt die Magen-Darm-Verdauung das zu zersetzen, was noch da ist. Das heißt, der Mensch zersetzt sich selbst. Das fängt im Bauch an. Ein ganz normaler biologischer Zersetzungsprozess geht seinen Weg, und wir werden wieder zu Erde, bevor der Sarg brüchig ist und die Erdenbewohner zu uns kommen. Inzwischen sind wir längst einer von ihnen geworden.

Wenn man vom Weiterleben spricht, sollte man dieses nicht nur auf die Seele beziehen, denn wenn wir uns nicht mit hohem Energieaufwand einäschern lassen, wird unser Körper wieder Teil des Ganzen und lebt in biologischer Form weiter. Diesen Mikrokosmos tragen wir schon jetzt in uns. Je kleiner wir denken, desto mehr begreifen wir, dass das Ganze eine Summe aus Teilen beziehungsweise seiner Teile ist. Das Mehr des Lebendigen ist Gottes Odem oder die Seele. Geisteswissenschaftlich ist der Mensch mehr als die Summe seiner naturwissenschaftlichen Teile. Diese Gedanken sind schwer und nicht alltäglich, aber auf dem Camino kommen solche Gefühle eben hoch, wie das Gespräch der drei Bayern zeigt. Leider fehlen oft die Worte.

Die Auseinandersetzung mit der eigenen Endlichkeit ist eine Etappe des Jakobsweges. Es wird bilanziert, Rückschau gehalten und die Zukunft angedacht – bis zum Ende. Dazu wird man stets animiert, denn überall stehen Kreuze, werden Legenden erzählt und ziert die Muschel den Camino als Zeichen des Endes der Welt.

An einer neuen Autobahnbrücke waren sogar Muscheln in der Größe von drei mal drei Metern in den Beton eingelassen. Mich erinnerten sie vor allem an Sonnen. Immer wenn ich jetzt das Zeichen der Muschel sehe, erkenne ich gleichzeitig das Zeichen der Sonne. Und das passt. Denn die Sonne hat auf dem Camino und im christlichen Glauben eine große Bedeutung. Die aufgehende Sonne ist der Beginn des Lebens, die untergehende das Ende. Unsere Verstorbenen werden meist traditionell gen Osten beerdigt. Gleiches gilt für den Standort des Altars in der Kirche. Der Ort der aufgehenden Sonne steht immer auch für neues Leben, Wiederauferstehung, Frische und für Gott selbst.

Wer den Camino geht, hat am Morgen die Sonne im Rücken und am Abend im Gesicht. Ist es anders, hat er sich verlaufen. Die Sonnencreme wird stets nur für die linke Gesichtshälfte gebraucht. Das sind Gesetze des Caminos. So ist also der Sternenweg gleichzeitig auch ein Sonnenlauf. So schließen sich Tag und Nacht zu einem Kreislauf, obwohl der Weg eine Strecke ist. Das ist eben unser Leben: Einerseits erleben wir den Alltag als Kreislauf, sogar das Jahr hat seinen ständigen Rhythmus der Jahreszeiten. Und doch ist unser Leben die Strecke von Geburt bis zum Sterbetag. Es ist doch alles komplexer als so oft gedacht.

Auf dem Camino ergibt sich die Zeit, das alles einmal zu bedenken, sich leerzulaufen, damit Grundbedürfnisse wieder sichtbar werden. Keine Alltagsbetäubungen. Nichts, was ablenkt. Kein Computer, kein Chef, keine Familie, kein Stammtisch. Dieser Rückzug auf das Eigene hat auch seine Anstrengung, denn die Leere muss erst einmal ausgehalten werden. Wir leben in einer Gesellschaft ohne Vakuum, das bedeutet, alles wird immer gleich erfüllt, befriedigt und erledigt. Das Unvollkommene im Leben einfach stehen zu lassen, es als Baustelle zu wissen, fällt vielen schwer. Deutschen besonders, sodass es kein Zufall ist, dass zurzeit so viele Deutsche den Jakobsweg aufsuchen.

Kapitel 19: Von Sarria nach Santiago

Als ich heute Morgen die Augen öffne, beschließe ich, in England zu sein. Nicht, weil ich gerade von der Insel geträumt habe, sondern einzig allein aus dem Grund, dass meine Augen mit ihrem ersten Blick in den Tag schon wieder das Grau am Horizont erblicken. Und meine Ohren hören dieses inzwischen sehr vertraute Geräusch, wenn Autos auf der nassen Straße fahren. Ja, in England ist das so. Es ist also alles ganz normal.

Ich merke, wie mich diese Normalität beruhigt. Alles wird gut, God save the Queen! Wenn ich jetzt wieder meine zwei kleinen Lebenspakete stopfe, müssen sie eben regenfest sein, auch meine Person sollte sich anständig zuknöpfen. Heute ist englische Etikette angesagt. Werde ich hier in England wider Erwarten einen Ort finden, an dem man den Heiligen Jakobus verehrt, wird mich das wahrscheinlich an den Camino erinnern. Wenn ich ihn denn finde vor lauter Nebel, denn gelbe Pfeile gibt es hier nicht.

Der Rechtsverkehr holt mich aus meiner Guten-Morgen-Fantasie schnell in die Realität zurück. Ist vielleicht gar nicht so schlecht, denn ich kann nun fahren wie gewohnt, und der graue Himmel ist die galicische Morgendämmerung, die zu innerer

Einkehr ruft. Diese Straße ist der Weg zum Heiligen Jakobus. Da werde ich die letzten 111 Kilometer Camino richtig genießen.

Und ich kann sie genießen, denn es kommt tatsächlich die Sonne durch. Ab Mittag fahre ich ohne Regenhaube auf dem Tankrucksack und habe die Fleecejacke ausgezogen. Am Nachmittag werden zwar meine Hände wieder feucht, allerdings weil ich so schwitze. Ich bekomme sie, wenn ich fotografiere, nur schwer an und aus dem Handschuh, was ich schon von den vielen Regenstunden kenne. Jetzt in der Sonne lasse ich mir ganz entspannt Zeit, um hineinzuschlüpfen. Mit Sonne geht's doch viel besser.

Ich fahre diese Strecke ganz bewusst, weil ich sie schon dreimal überbrückt habe. Und immer auf andere Weise. Das erste Mal gingen wir von Astorga nach Sarria und verbrachten dort im Kloster drei Tage. Danach fuhren wir mit dem Bus bis Santiago, um hier ebenfalls zwei Tage zu verbringen. Das war meine Schnuppertour.

Beim zweiten Mal ging ich von Leon, wurde aber kurz hinter Sarria krank, setzte einen Tag aus und ließ mich mit dem Taxi nach Palas de Rei bringen, um dort neue Kraft zu tanken. Die reichte dann für den Gang über Santiago hinaus bis nach Finisterre. Beim letzten Mal starteten wir in Astorga und wanderten durch bis Santiago, auch die Strecke von Sarria nach Palas de Rei.

Jetzt fahre ich sie mit dem Motorrad und erkenne viel, weil die letzte Wanderung erst ein halbes Jahr her ist. So schnell kann der Camino rufen. Meine Perspektive ist natürlich eine andere. Ich nehme die Straße.

Die Pilger sind nun sehr zielgerichtet unterwegs. Alle 500 Meter kennzeichnet ein Stein die noch verbleibende Distanz. Ich nehme dort Reißaus von der Landstraße, wo ich weiß, dass der Camino auf kleinen Straßen verläuft. Ab 15.00 Uhr wird es

so leer, dass ich sogar eine Piste benutze, die durch Eukalyp-
tuswälder führt. Trotz einiger *Feuchtgebiete* baggert sich die
Enduro gut durch die Furchen.

Wobei mich heute keine *Stufen der Erkenntnis* stoppten,
sondern der *Fluss der Umkehr*. Ich wusste um diese idyllische
Stelle, hatte aber aus dem Herbst einen weit niedrigeren Was-
serstand in Erinnerung. Der Fußweg aus großen Felssteinen
war zu uneben, hatte am Ende einen halben Meter Absatz und
eine Verjüngung auf 25 Zentimeter. Sollte ich diese Klippe
nicht schaffen, wäre ein Sturz ins Wasser nicht zu vermeiden,
denn wenn die Maschine erst einmal kippt, ist sie nicht mehr zu
halten – schon gar nicht auf Felssteinen, die nur einen halben
Meter maximale Breite haben.

Ich schaute mir also die Wasserfurche an, ging mit den was-
serfesten Stiefeln etwa 20 Zentimeter tief in den Fluss und bemerkte, wie schlüpfrig der Matsch war. Vielleicht nur am Ufer,
vielleicht gab es in der Mitte des Baches ein gut befahrbares
Kiesbett. Aber das dürfte mindestens 50 bis 60 Zentimeter
unter Wasser stehen – geschätzt.

Ich schaute meine bepackte BMW an mit ihrer Straßenbe-
reifung, wie sie komplett eingesaut an diesem schönen Flecken
Erde stand und kam zu dem Entschluss, dass wir zwar Helden
sind, aber beide nicht mehr heldenhaft frisch. Ohne Wehmut
fuhren wir auf dem schönen Weg zurück, um an der nächsten
Möglichkeit Richtung Straße einzubiegen. Nach etwa einem
Kilometer kamen wir aus dem Wald zur Landstraße, und siehe
da, vor uns eine große moderne Tankstelle. Wir machten das,
was ein Wandersmann auf dem Camino nie tun würde: Wir ras-
teten an der Moderne. Ich bekam ein Eis, der Tankrucksack
einen neuen, seit Pied de Port vermissten Spanngurt und die
BMW etwas Luft in die Reifen. So standen wir als zufriedenes
Ensemble an diesem Ort pilgerfeindlicher Mobilität in der
Sonne.

Traf heute wieder interessante Menschen. Zwei Dänen erzählten, dass sie in vier Wochen von Burgos nach Santiago pilgerten. Die Meseta-Ebene am Anfang und das schlechte Wetter seien hart gewesen, gestanden mir diese beiden Männer Anfang vierzig. Sie waren vor zwei Tagen eine Etappe von 42 Kilometern gegangen. Das sei das Maximum für sie, und ihre Körpersprache erzählte mit. Auf meine Frage, ob sie schon spirituelle Erfahrungen oder Erlebnisse gemacht hätten, schmunzelten sie, als ob ich eine intime Frage gestellt hätte, und verneinten. Die Menschen seien doch nicht wegen der Spiritualität unterwegs, sondern aus sportlichen Gründen, so ihre Meinung.

Nach Kaffee, Wasser und Plausch lasteten sie wieder auf und gingen ihrem Sport nach. Ich dachte dabei, dass für die einen der Weg das Ziel ist und dass die anderen das Ziel auf den Weg führt. Mit dieser Metapher kann ausreichend gespielt werden. Jedenfalls wäre für mich der Camino ohne Ziel undenkbar.

Es ist immer wieder schön und ergreifend, die Aufregung vor dem Ziel am Monte do Gozo und dann schließlich Santiago selbst zu erleben. Am Monte do Gozo stehen eine kleine Kapelle und ein großes modernes Denkmal (übrigens kann man von hier nicht die Kathedrale sehen). Außerdem meist Reisebusse und entsprechend viele Touristen. Das hat den Vorteil, dass man immer jemanden findet, der ein Bild von einem macht. Eine Chance, am erhabenen Ort ein Foto mit sich oder der gesamten Gruppe zu realisieren, allerdings für den Preis des touristischen Trubels wie am Ort des Stadioneinlaufes, wenn ich das einmal mit dem Marathon vergleiche. Der Unterschied dürfte darin bestehen, dass nach 39,8 Kilometer Lauf das gefüllte Stadion eine willkommene Kulisse ist, die Gänsehaut bewirkt, letzte Kräfte mobilisiert und ein unsagbares Glücksgefühl bei aller Erschöpfung verursacht, während hier der Pilger nach zirka 800 Kilometern in fremden Massen untergeht und ohne Schonung gleich in die Arme der modernen Gesellschaft genommen wird.

Die Gefühle überschlagen sich. Einerseits denkt man an den zurückliegenden Weg, andererseits an das Hotelzimmer und das Erfrischungsgetränk in Santiago, denn die Zeit der Entbehrung hat ja nun ein Ende. Man sieht, wie Pilger winkend vom Monte do Gozo in die Stadt des Heiligen Jakobus gehen oder beim Stadtschild Santiago de Compostela die Arme hochreißen. Hier löst sich vieles.

Auf dem Kathedralplatz sitzen ganz entspannt Gruppen von Pilgern mit frischer Kleidung und oft noch nassen Haaren. Ein offizieller Pilger in klassischem Outfit steht herum, um seine Präsenz für Fotos anzubieten. Die Bimmelbahn fährt. Das Luxushotel Parador empfängt seine gut betuchten Gäste, Pilger bekommen am Seiteneingang Einlass, um einmal vom Tisch der High Society futtern zu können. The same procedure as every day.

Wer öfter hier war, bemerkt diesen Pilgeralltag von der anderen Seite, aus Sicht der Einheimischen. Der Einmaligkeit des individuellen Aufbruchs steht eine regelmäßig wiederkehrende Organisation gegenüber, damit alles so ist, wie es ist. Pilger wollen gut geführt sein, wollen essen und schlafen, haben Verletzungen und Sehnsüchte. Und für alles ist gesorgt. Für jedes Bedürfnis gibt es etwas. Der Camino lässt keinen im Regen stehen.

Jetzt werden auch wieder die Gespräche länger. Während des Wanderns ist man angestrengt, geht mit Gepäck, die Gespräche sind kurz gehalten. Zu schwer drückt die Last. Auch die Pausen dürfen nicht zu lang sein, sonst ist die Anlaufphase so mühselig. Gespräche ja, aber nur kurz oder während des Gehens. Das machten schon die Philosophen in der Antike so – nur nicht in Spanien, sondern in Griechenland und zu einer Zeit, da es Jakobus noch nicht gab, nicht einmal den weltlichen.

Auf dem Platz hinter der Kathedrale, wo viele Einheimische und Pilger die Nachmittagssonne genießen, schrie ein Deutscher so laut in sein mobiles Telefon, dass man ungewollt Kenntnis seiner Gefühlslage bekam. Er war freudig und stolz, am Ziel zu sein und brüllte seinem Zuhörer den Stadtnamen mehrmals ins Telefon. Alle, die mit ihm zusammensaßen, wussten, von welchem Ort er redete. Den Sprung in seine Alltagswelt schaffte er binnen Sekunden, als er nach dem Zustand des Autos fragte und wie teuer die Reparatur geschätzt werde: „Na, das sind ja nur geschätzte Summen, auf die meistens noch etwas oben drauf kommt, und seien es nur die Steuern." Das Telefonat endete mit der Frage, ob sie zu Hause auch das Fußballspiel sehen würden? Er schien gut informiert, allerdings am falschen Ort und entschieden zu laut, empfand ich.

Ich ging noch ausgiebig durch die Altstadt, um dann etwas müde und frierend froh zu sein, ein Einzelzimmer und Ruhe zu haben. Als ich den Fernseher anstellte, gab es Fußball – Welt, du hast mich wieder!

Kapitel 20: Santiago de Compostela

Da ich das Zimmer gleich für zwei Nächte nahm, ist der Pilgerritus etwas verzögert. Das heißt, erst heute Morgen habe ich mich gereinigt und rasiert und meinen Kleidungsstücken ähnliches Augenmerk zukommen lassen. Nun hängt wieder einiges zum Trocknen als typische Pilgerdekoration im Zimmer herum.

Für die meisten ist in Santiago Schluss, sie schmeißen alles in die Tasche und fliegen nach Hause, wo die große Wäsche wartet. Ich will aber noch weiter, den ganzen Weg wieder zurück, sodass mein Pilgeralltag über Santiago hinaus Bestand haben wird. Auch zu Hause geht der Camino weiter, wie es meine und die Erfahrung vieler anderer bestätigen. Selbst wenn die moderne Mobilität einen innerhalb eines Tages wieder an den Platz des Alltages zaubert, wird der Camino mit all seinen Erlebnissen bleiben. Ich weiß nicht, wie es bei Menschen ist, die sportiv den Weg angegangen sind. Aber selbst bei ihnen wird etwas angerührt, weil der Jakobsweg mehr ist als nur eine sportliche Herausforderung.

Oft höre ich kritische Stimmen, manche Pilger hätten sich überhaupt nicht geändert und den Weg demzufolge nicht spirituell, sondern nur aus Gründen der Selbstverherrlichung eingeschlagen. Mir scheint diese Kritik nicht angemessen, da die einzelnen Beweggründe vielschichtig sind, und das Gefühl des Aufbruchs etwas Intimes inne hat, das es zu schützen und zu respektieren gilt. Auch wenn ich nichts Genaues weiß oder erkennen kann.

Zum einen ist Glaube etwas sehr Persönliches – selbst wenn der Inhalt eine Lehre und der Weg des Vollzuges ein Ritus ist. Ferner gibt es bewusstes und unbewusstes Handeln, und die Übergänge, so lehrt uns die Psychologie, sind fließend. Das bedeutet, Veränderungen geschehen meistens in Prozessen und nicht von heute auf morgen. Auch wenn Saulus durch spirituelle Erkenntnisse zum Paulus wurde, muss unsereins nach seiner Pilgertour nicht gleich zum Apostel werden. Wie viele Apostel würde es dann schon auf dieser Welt geben? Ich glaube fest, dass der Camino die Millionen von Menschen, die schon auf ihm gewandert sind, tatsächlich bewegt hat – in ihren Herzen, auch wenn sie ihren Lebenswandel nicht sofort umgestellt haben.

Wir dürfen nämlich nicht vergessen, dass der Mensch im öffentlichen Fokus steht, in einer Rolle. Bereits zu Hause fällt es schwer, Veränderungen zu kultivieren und den Trott aufzubrechen, um authentischer zu werden. Wie viel schwerer ist es dann erst im Beruf, wo Pflicht und Handeln eingekauft sind und der Marktwert die wirtschaftliche Existenz bestimmt? Diese Zusammenhänge dürfen nicht unterschätzt werden, es sei denn, man betrachtet allzu gerne den Splitter im Auge des anderen, weil man dann nichts an seinem eigenen Balken vor den Augen ändern muss – um einmal wieder biblisch zu formulieren.

Ich kenne viele Pilger, die das Buch von Hape Kerkeling gelesen haben, und es sind nicht nur Deutsche. Sein Buch halte ich für lesenswert, weil es ehrlich ist und sehr schön das Leben vor und auf dem Camino beschreibt. Hape entschärft und entdogmatisiert den Jakobsweg. Viele trauen sich nun aufzubrechen, weil auch Hape im Hotel übernachtet hat oder teilweise im Bus gefahren ist. Das Buch ist mit Sicherheit eine Erleichterung für Einsteiger und eine Zumutung für die gerne Frommen, die es aber kaum mehr gibt.

Sind wir doch mal ehrlich: Die meisten machen sich auf den Weg, gerade weil sie offene Fragen haben und nicht wissen, wo es langgeht. Diejenigen, die schon alles wissen und den lieben Gott samt seines Apostels Jakobus kennen, lieben und duzen, sind in der Minderheit. Sie begeben sich auf den Weg, weil die Pflicht ruft oder der besondere Ablass. Alle anderen gehen wie die beiden Dänen oder Hape, um dem Weg auf die Spur zu kommen.

Mir gefällt die Ehrlichkeit der Dänen und die Hapes. Dogmatismus ist in Büchern nachvollziehbar, im Leben zeigt sich meist ein anderer Weg. Spannung gibt es in der Welt und auf dem Jakobsweg genug. Deshalb ist entspannte Literatur wie *Ich bin dann mal weg* wichtig und gut, um Menschen zum Aufbruch zu bewegen. Denn eines ist sicher: Der Camino tut gut, ist gut und auf keinen Fall vertane Zeit.

Auch lesen tut gut, auch Hapes Bestseller ist keine vertane Zeit. Gerne bin ich seinen Ausführungen gefolgt, empfand die

Schilderung der Pilgerfreunde manchmal ein wenig zu sarkastisch und freute mich über Hapes Plädoyer für mehr christliche Ethik und sein Engagement für Tiere, die er ganz selbstverständlich zu den leidenden Geschöpfen Gottes zählt. Das macht Mut, baut auf und gibt Hoffnung, dass wir es vielleicht doch noch schaffen, als Christenheit die Welt positiv zu verändern.

Ob das im großen politischen Erfolg geschieht oder in kleinen persönlichen Schritten, war das Thema eines Gesprächs, das ich mit einem Landsmann führte, der mich heute in Santiago ansprach, weil wir uns gestern auf dem Weg in Santa Irene an der Kapelle begegnet waren und auch dort schon gut ins Gespräch kamen – obwohl wir verschiedene Generationen verkörpern. Er ist Jahrgang 37. So alt wie meine Mutter. Trotzdem gelang uns ein ganz persönlicher Austausch. Er erzählte mir, dass er im Gebirge im Dauerregen mit den Kräften am Ende war und anfing zu weinen. Man stelle sich den rüstigen 70-jährigen vor, der weinend dem Heiligen Jakobus entgegenläuft – ein schönes Bild und mir ein sympathischer Mann, der gelernt hat, Gefühle zuzulassen und zu zeigen.

Er erzählte von seiner Frau, die eine Krebs-OP hinter sich hat, mit *Chemo* und allem drum und dran. Wie das die Beziehung veränderte, und wie sehr er seine Frau liebte. Er erwähnte, dass er schon zwei gute Freunde durch Krebs verlor und zu Grabe tragen musste. Auch sprachen wir über die deutsche Geschichte und dass es für ihn immer klar gewesen war, dass Deutschland – wie auch immer – wieder zusammenfinden würde. Da er Berufssoldat war, wurde er mit der deutschen Teilung in Ost und West ein Leben lang konfrontiert. Am Ende seiner Arbeitslaufbahn musste er die DDR-Auflösung miterleben und gestalten, was sowohl schwierige Situationen als auch Freundschaften hervorbrachte. Wir waren uns einig, wie wunderbar es jetzt ist, wieder ohne Todesstreifen und Mauer zu leben, auch wenn einige wenige mit der Freiheit nicht zurechtkommen.

Da saßen nun zwei Männer auf der Mauer in der Sonne und tauschten sich sehr vertraut aus, weil sie sich kurz auf dem Camino begegneten. Es war eine dieser besonderen Freundschaften des Weges, die schwer in Worte zu fassen sind. Die Hindernisse des Alltags gibt es dann nicht, generationsübergreifend und international eröffnen sich Gespräche, die den Geschmack der neuen Welt tragen. Ein Stück erlebten Himmels auf Erden.

Nach eineinhalb Stunden auf der Mauer trennten wir uns mit gegenseitigen guten Wünschen für die persönliche Zukunft und mit der Hoffnung, uns vielleicht noch einmal wiederzusehen. Da dieser Deutsche zufällig in einer Stadt im Norden wohnt, ist das also durchaus möglich. Wie klein doch die Welt ist, und was alles auf dem Camino passieren kann.

Diese wunderbaren Begegnungen gibt es oft noch einmal in Santiago, weil man dort plötzlich Menschen wiedertrifft, die mit einem ein Stück des Weges gegangen sind. Der Camino schweißt zusammen. Man lernt sich sehr gut kennen und erkennen, indem man über die Tage am Verhalten und am Gang den jeweils anderen Mitläufer ausmacht.

Oft bekommen auffällige Personen, denen man im Rhythmus des Gehens und Ruhens öfter begegnet, Spitznamen, die nur noch fallen müssen, damit jeder weiß, um wen es sich handelt. Das kann zum Running-Gag ausarten. So gab es mal *Frau Schmidt*, die abends schon um 21.00 Uhr schlief und morgens um 4.00 Uhr im Refugio aufbrach, wenn andere gerade des Nachts auf die Toilette mussten. Das führte zu überraschenden Begegnungen, die die Runde machten. Oder die *Franzosen-Gruppe*, bestehend aus zwei Pärchen, die immer als Erste am Refugio waren, wenn es frühnachmittags die Tore öffnete.

Egal, wer aus unserer Gruppe früh losgegangen und flott durchmarschiert war – *sie* waren schon da. Das führte zu Spekulationen und Misstrauen, denn auf der Strecke begegnete man *ihnen* nie.

Oder der singende brasilianische Zahnarzt, der mit Frau und Kind kurz behost des Caminos zog und immer Fröhlichkeit verbreitete. In Portomarin traf ich einmal eine Frau, die mit Kinderwagen pilgerte. Geht es noch, dachte ich? Andere verzweifeln an der Last des eigenen Gewichts, und sie schiebt noch Kind und Karre vor sich her – bewundernswert.

Gerade auf den letzten Kilometern trifft man die ungewöhnlichsten Gruppen. Ein großer Haufen Jugendlicher, die vermutlich eine Klassenpilgertour machten, feuerte mich heute an, als ich sie mit dem Motorrad überholte. Das fanden sie *cool*. In Santiago traf ich sie wieder im Pilgerbüro, als sie sich ihre *Compostela* abholten und mächtig stolz waren. Wenn der Weg nicht so weit wäre, würde ich auch als evangelischer Pfarrer mit meinen Konfirmanden zum Jakobsweg reisen, damit sie sich und die katholische Glaubensweise kennen lernen und dadurch das im Unterricht Gehörte besser verstehen würden. Es gilt die alte Weisheit, dass einem erst in der Fremde bewusst wird, was Heimat ist. Ob Nationales oder Konfessionelles. Der Camino ist gut geeignet, um einerseits die gemeinsame Basis der Christenheit zu erkennen, andererseits aber auch die trennenden Auffassungen. Beides gilt es zu würdigen.

Kapitel 21: Von Santiago nach Finisterre

Es geht wieder weiter, ich muss mich heute verabschieden von dieser schönen und besonderen Stadt. Santiago hat zirka 100.000 Einwohner, davon 38.000 Studenten, und liegt auf mehreren Hügeln verteilt. Für mich sind damit starke Erinnerungen an Marburg gegeben, statt Fachwerk dominiert hier eben Sandstein und Granit. Die Gassen sind jedoch ebenfalls eng und verwinkelt, die Häuser klein und schmal. Natürlich ist der moderne Stadtgürtel hier größer, doch die Atmosphäre in der Oberstadt ist für mich beiderseits vertraut. Und die jungen Menschen in Marburg sind das Pendant zu den großen Touristenschwärmen.

Viele Pilger schreckt Santiago ab. Einer nannte mir seine Enttäuschung: „Es war gut, den Weg gemacht zu haben, aber das hier brauche ich nicht noch einmal." Natürlich: Santiago ist nicht mehr der Camino, auch wenn diese Stadt stets das ausgewiesene Ziel ist. Man kommt sich als bepackter, verschwitzter, humpelnder Mensch deplaziert vor, wenn man durch die volle Kathedrale geht und im Touristenstrom an Jakobus vorbeigeschleust wird.

Hier am Ende des Weges taucht man nicht ins Weihwasser, sondern in die Realität ein, aus der man so herrlich anstrengend entschwunden war. Hier gibt es wieder Luxus, Machtstatus und Menschen, die mehr sein wollen, als sie sind.

Man kommt ins Grübeln, wenn im Pilgerbüro vor einem eine Schar Leute steht, die sich ihre *Compostela* abholt, die Bescheinigung für mindestens 100 Kilometer Fußweg oder 200 Kilometer Radfahren auf dem Camino, obwohl man diese Leute unterwegs eindeutig als Reisegruppe mit Bus identifiziert hat. Wie auch immer: Am Ende stehen alle mit ihrer Compostela auf der Straße.

Früher gab es diese Urkunden umsonst, das heißt ausschließlich gegen die Vorlage des Pilgerpasses. Heute bitten die Sekretärinnen im Pilgerbüro, die die Urkunde mit dem Namen in lateinischer Sprache ausfüllen, gezielt um eine Spende. Entweder sind es zu viele Pilger geworden, oder das Büro hat einen neuen Marketingleiter. In einem Geschäft sah ich sogar eine mittelalterliche Urkunde mit Siegel – zum Schnäppchenpreis von drei Euro. Es ist doch interessant, wie sehr wir Menschen auf Bestätigungen aus sind. Dabei verwechseln wir allzu gerne Haben und Sein. Letzteres scheint im Leben schwieriger umsetzbar zu sein.

Die Gefühle schlagen in Santiago Wogen. Freude über das Angekommensein, Ärger über die vielen anderen Menschen, die nicht gepilgert sind, aber trotzdem alles in Anspruch nehmen. Und die eigene Frage, was denn der Camino persönlich nun gebracht hat? Bin ich ein Anderer geworden? Oder bleibt am Ende auch mir nur die sportliche Bestätigung, dass ich im Alter noch leistungsfähig bin? Mit diesen kreisenden Gedanken und Gefühlen verbringt man meist einen Tag und fliegt dann zurück in die Heimat. Wo der Pilgerritus zumindest teilweise weitergeht, denn die Wäsche wartet.

Auf mich wartet heute Finisterre. Nach eineinhalb Tagen Santiago bin ich wieder ein Stück vertrauter mit dieser schönen Stadt. Habe ganz viele Details entdeckt, die Atmosphäre in mich aufgenommen und genossen. Da heute Morgen mein erster Tag ohne Bewölkung beginnt, freue ich mich auf viel Sonne. Weil jetzt die Wege leer und trocken sind, werde ich versuchen, den 90 Kilometern Original-Jakobsweg mit der BMW zu folgen. Ausschilderung und Pfeile werden zwar ebenfalls weniger, aber wir versuchen es. Die nächste Erkenntnis wartet.

Und dann, nach 25 Tagen und 3.977 Kilometern bin ich tatsächlich am Ende der Welt in Finisterre. Jetzt ist der Camino endgültig zu Ende, denn am *Cabo* steht ein Schlussstein mit der Angabe 0,00 Kilometer. Danach kommt nur noch Wasser. Verbrannt habe ich nichts. Vielleicht ein bisschen mein Gesicht, weil es heute so warm war, dass ich alle Lüftungsmöglichkeiten nutzte. Nahm die Goretex-Inserts heraus und fuhr oft mit offenem Klapphelm. 100 Kilometer Tagespensum, davon 35

Kilometer Schotter und Trampelpfade. Überall kam ich durch, nichts konnte mich halten. Zweimal musste ich quer liegenden Bäumen ausweichen, zweimal einen Bach durchqueren und immer wieder herbe Felspassagen meistern. Zirka 40 Pilger traf ich, keinen davon im Gelände. Sie nahmen lieber die Straße, ich heute lieber die Geländevariante. Musste immer daran denken, dass das die letzte Möglichkeit war und blieb konsequent auf den ausgezeichneten Strecken.

Teilweise hatte ich Bedenken, ob die Reifen alles mitmachen würden, denn es ging rüde zur Sache. Die BMW war zwar schwer eingesaut, lief aber wie eine Nähmaschine. Klasse, denn ein Defekt heute in der Pampa hätte kritisch werden können und auf jeden Fall Nerven gekostet. Gut behütet erreichte ich den Atlantik und liege jetzt im Hotelzimmer bei offenem Fenster und Möwengeschrei.

Am Kap gab es erst mal das Schockereignis, weil drei Reisebusse und ein Parkplatz voller Pkw mich erwarten. Jede Menge Menschen, da fuhr ich gleich wieder zurück nach Finisterre, um lieber einen Gang durch das Dorf zu unternehmen. Um 19.00 Uhr nochmals zum Kap, wo nur noch 20 Menschen die Abendsonne genossen. Zum Sonnenuntergang fuhr ich auf die Westseite von Finisterre zum Strand, gegenüber vom Hafen, und inhalierte den Geruch und den vom Meer heraufziehenden Abendnebel. Eine ganz besondere Stimmung. Wer länger in Finisterre bleibt, sollte sich unbedingt diesen Strand anschauen.

Jetzt ist der Wendepunkt der Reise erreicht: Der Jakobsweg ist ausgeschöpft, die Schotterpisten abgefahren, nun bleiben noch 13 Tage für den Rückweg. Ich glaube nicht, dass es noch einmal fast 4.000 Kilometer werden, denn immerhin gab es auf dem Weg hierher den einen oder anderen Umweg wie den Somport-Pass. Aber bei 3.000 Kilometern werde ich aller Voraussicht nach wohl enden. Das sind im Schnitt gut 230 Kilometer pro Tag. Die Etappen werden in Spanien wahrscheinlich kürzer, in Frankreich eingehalten und ab Deutschland ausgedehnt. So kenne ich es von anderen Reisen – irgendwann will man einfach nach Hause.

Ich merke diesen Wendepunkt zwar bereits emotional, doch noch zieht es mich nicht flugs nach Hause. Denn ich weiß ganz genau: Wenn ich erst wieder im Pastorat sitze, ist die Ruhe vorbei, und der Alltag bestimmt wieder die Woche. Dann bin ich auch wieder in meiner Rolle. Da sie mir Spaß macht, ist es nicht weiter schlimm, so zu leben. Allerdings muss ich darauf achten, ab und zu mal Luft zu holen und den Kopf aus dem ganzen Gewusel herauszubekommen. Die spanische Gelassenheit kann mir dabei sicher helfen.

Obwohl gemeinsam in der Europäischen Union, bleiben die Eigenarten der Länder. Das finde ich fantastisch. Während sich in Deutschland zum Beispiel das strikte Rauchverbot schnell durchgesetzt hat, wird hier weiter fröhlich überall geschlotet. Das Verhalten der Spanier im Straßenverkehr hingegen ist zurückhaltender. Es wird eher gebremst, gehalten, geguckt. Manchmal habe ich das Gefühl, hier herrscht noch mehr Respekt vor dem Leben. Ganz auffällig ist die weit verbreitete Armut. Die ist nicht so schlimm wie in Deutschland, weil Arme in Spanien trotzdem Mitglieder der Gesellschaft sind. In Deutschland darf sich keiner arm nennen, weil es ja Unterstützung vom Staat gibt – die aber nicht zum Leben reicht. Noch schlimmer ist die soziale Kälte bei uns.

Das ist hier glücklicherweise anders. So stelle ich mir das Deutschland der 50er-Jahre vor, wie es mir meine Großeltern erzählten. Mit Gemeinsamkeit und Nachbarschaftshilfe. Heute setzt man sich schnell ins Auto und holt den fehlenden Zucker im Supermarkt oder an der Tankstelle, bevor man beim Nachbarn klingelt. Ich kenne dieses warme Lebensgefühl auch aus

Griechenland. Ob es an den kälteren Lebensbedingungen nördlich der Alpen liegt? Nein, denn auch Dänemark ist gemütlicher, trotz langer Winter, Kälte und Feuchtigkeit. Vielleicht ist es der Stress, wenn man mit 80 Millionen Menschen auf kleiner Fläche zusammenwohnt. Neun Millionen Dänen oder Griechen sind da entspannter, und in Spanien verteilt sich die Masse Mensch ohnehin. Und doch glaube ich, liegt es zuerst an der Einstellung. Obwohl es der chinesischen Reiseleiterin vom Cebreiro in Deutschland gut gefallen hat. Alles super, alle höflich. Vielleicht lernen wir ja voneinander. Wir sind Europa auf der Spur. Der Camino geht und Europa kommt.

Ich gehöre noch zur Generation, die das Geldwechseln erlebte. Einige behaupten, dass mit dem Euro ein gewisser Urlaubsritus verloren gegangen sei, ich hingegen bin froh, überall mit einer Währung bezahlen zu können. In der Schweiz musste ich erst wieder die alte Rolle trainieren, um im Wechseln souverän zu sein. Ich finde es klasse, hier in Finisterre und zu Hause in Hamburg mit der gleichen Währung zu bezahlen. Meine restlichen Schweizer Franken fahren jetzt erst einmal mit mir durchs Euro-Land.

Kapitel 22: Von Finisterre über La Coruna nach Lugo

Heute sitze ich hier ein letztes Mal am Ende der Welt und höre dem Geschrei der Möwen zu. Da ich mit offenem Fenster schlafen konnte, vernahm ich die Vielzahl von Vogelstimmen in der Morgendämmerung. Carmen Rohrbach hätte ihre Freude gehabt und wahrscheinlich die Besitzerinnen der Stimmen benennen können. Ich hingegen lag im Bett, spürte das Singen der Natur und das Kräftesammeln meines Körpers, der sich gestern mehr als geahnt verausgabt hatte. Ich stand erst auf, als die Vögel schon an Tagesruhe dachten.

Finisterre macht keinen hektischen Eindruck. Der Tourismus hält sich in Grenzen, das Kap ist drei Kilometer entfernt. Aber auch hier herrscht große Bauaktivität. Alte Häuser werden aufwändig saniert und neue hochgezogen. Die Orte ändern sich mit der Zeit – wie wir.

La Coruna ist eine Großstadt. Mir jedoch zu groß. Großstädte überfordern mich im Moment. Nachdem ich aus dem beschaulichen Finisterre aufgebrochen war, gondelte ich ganz gemütlich die rund 100 Kilometer nach Coruna, dem auf Spanisch ein *La* vorangestellt wird, auf Galicisch nur ein *A*. Zuerst dachte ich, am Hafenportal sei das *L* abgefallen, dann klärte mich der Reisesführer auf. Ist doch gut, dass ich ihn mitgenommen habe. Auf meinen bisherigen Reisen habe ich dieses kleine Hilfsmittel sehr zu schätzen gelernt. Selbst zu Fuß auf dem Jakobsweg, wo alles ausgeschildert und organisiert ist, würde ich immer einen kleinen Caminoführer mitnehmen. Auch wenn er weitere 250 Gramm auf die Waage bringt.

La Coruna ist wie eine Kathedrale, mächtig, groß und gewachsen. War nach dem Camino schon Santiago ein Schock, so ist diese Stadt am Atlantik der Overkill. Nicht weil sie hässlich oder unfreundlich ist, sondern weil sie Gewöhnungszeit verlangt. Sie erschließt sich nicht gleich, liegt sehr zerklüftet, auseinandergezogen, gewachsen. Ich bin Stadtmensch, lebe in Hamburg, und genau das war in La Coruna mein Problem: Ich war zu schnell wieder zu Hause. Der Hafen, die Sportanlagen beim Herkulesturm, das Stadtleben mit Charme und Chic – all das bietet La Coruna, und ich fiel mitten hinein in den Alltag. Ging in ein Eiscafé und sah mir dieses Großstadttreiben an. Beobachtete eine Fahrraddemo, nahm den Stress wahr, den ich auch sonst bei großer Menschendichte erlebe, und bemerkte bei der Weiterfahrt, dass ich die richtige Entscheidung gefällt hatte. La Coruna muss ich noch einmal besuchen, wenn ich frisch aus Hamburg angereist bin. Jetzt nach Wochen der Reise über Nebenstrecken und kleine Dörfer war meine Transfermöglichkeit zu gering, als dass ich dieser Stadt gerecht würde.

La Coruna war mir früher nur durch seine sportlichen Erfolge im Fußball ein Begriff. Ich wusste damals nicht, dass schon vor Jahrhunderten Engländer und Niederländer sich nach ihrer Pilgerreise in La Coruna ausschifften, um sich den langen Landweg heimwärts zu ersparen. Doch auch der vermeintlich schnellere Weg übers Meer konnte Jahre in Anspruch nehmen, wenn das Schiff von Piraten gekapert und die Besatzung samt Gäste als Sklaven verkauft wurden. So schloss sich am Ende der einen Reise gleich eine weitere an. Früher gab es eben doch viel mehr Unwägbarkeiten als heute.

Ob es an der Großstadt oder an dem frisch hereingebrochenen Frühling lag, weiß ich nicht – auf jeden Fall sah ich heute eine Menge Motorradfahrer. Aus der täglichen Pilgerbegegnung wurde der tägliche Motorradgruß. Es waren bestimmt zwischen 70 und 90, die ich traf. Pilger hingegen sah ich nicht einen einzigen. Heute Morgen bemerkte ich im Hotel in Finisterre noch zwei untergestellte Rucksäcke; meine letzte Berührung mit der Pilgerwelt.

Der Anfang meiner Rückreise auf dem *Camino norte* bescherte mir eine gewisse Unruhe. Es gab keine konkreten Vorkommnisse, aber so eine diffuse Zittrigkeit. Das lag nicht am Wetter. Die Sonne schien, alles war wunderbar. Bestes Motorradwetter. Die Anzeigen an den Apotheken, die immer so schön bunt flimmern, zeigten zwischen 21 und 31 Grad an, in Atlantiknähe merklich frischer. Die Unruhe blieb.

Durch Lugo soll früher einmal der Camino gegangen sein. Heute bestimmt kein Jakobsboom die Stadt, die Spanier genießen ihr Leben ganz ohne Pilgerschwärme. Auch wenn so manche Marketingstrategie aus der Stadtverwaltung oder Wirtschaft das gerne anders haben würde. Doch es gibt auch ein Leben ohne Pilger.

Obwohl, wie ich bei meinem Stadtrundgang bemerke, Lugo nicht ganz den Anschluss an den Camino verloren hat. Immerhin gibt es in der alten römischen Stadtmauer ein Santiago-Tor. Diese *Porta de Santiago* liegt direkt bei der Kathedrale, im inneren Torbogen ziert Jakobus, der Matamoros, den Ausgang aus der Altstadt. Gleich gegenüber erblickt man ein vertrautes Hinweisschild für Pilger, um an der Kreuzung geradewegs die Stadt zu verlassen.

Von hier geht man 30 Kilometer nach Palas de Rei und ist dann wieder auf dem *Camino frances*. Wer unterwegs einen Abstecher vom Jakobsweg nach Lugo wagen will, nimmt in Sarria den Abzweig und erreicht die Stadt nach zirka 30 Kilometern in Richtung Nordnordwest. Er versäumt dann allerdings den Camino-Abschnitt zwischen Sarria und Palas de Rei mit Orten wie Portomarin.

Lugo und der Camino haben eine gemeinsame Geschichte. Auch wenn der Normalpilger über das Hinweisschild *30 Kilometer* nur müde lächelt und weiter den Camino entlangtrottet. Schon eine Abweichung von drei oder vier Kilometern wird – zumindest geplant – selten eingeschlagen, denn das bedeutet einen Schlenker von sechs bis acht Kilometern, und zwei Stunden Marsch. Da muss der Reiz des Besonderen schon hoch sein. 30 Kilometer Umweg werden nur wenige in Kauf nehmen, um Lugo zu besichtigen, auch wenn es in der Altstadt ein Refugio gibt. Es macht nicht den schlechtesten Eindruck. Wer also, wie Carmen Rohrbach, auch die Sehenswürdigkeiten links oder rechts des *Camino frances* wahrnehmen möchte, dem sei Lugo ans Herz gelegt.

Die Stadtmauer ist nicht nur Wahrzeichen und Prägung des

Ortes, sondern auch Treffpunkt für Jung und Alt. Die Jungen joggen ihre Runden, die Alten halten sich fit, indem sie sich zum Gespräch auf der Mauer treffen. Ich behaupte, diese Mauer hat eine spirituelle Wirkung. Ihr Alter, ihre Geschichte, ihre Baukunst, ihre Generationen verbindende Funktion sind Aspekte, die zum Beispiel auch Kirchen erfüllen. Nein, diese Mauer muss nicht weg.

In der Kathedrale Santa Maria fiel mir auf, dass so eine Kathedrale, also das Kirchengebäude am Sitz eines Bischofs, im Grunde keine einheitliche Kirche ist, sondern aus mehreren Einzelkirchen besteht. Unter anderem, weil gleich am Eingang, von der Stadtmauer kommend, eine Altarwand gezogen wurde. Das wirkt wie eine Kirche. Man geht daran vorbei und hat eine Art Haus im Kirchenschiff. Dahinter kommt die gute Stube, wieder eine Kirche, diesmal mit viel Schmuck und belebter. Selbstverständlich hat es auch Apsiden, in denen jeweils Altäre stehen, von den Beichtstühlen oder -häuschen in den Gängen gar nicht zu sprechen. Diese Kathedrale ist – und das war für mich ein Aha-Effekt – wirklich gewachsen und wurde stetig erweitert. Insgesamt betrug die Bauzeit über 600 Jahre. Ein langer Weg.

Bei der Kathedrale in Santiago verhält es sich ähnlich. Es geht diesen Gebäuden nicht anders als uns. Wir wuchsen in der Zeit und veränderten uns mit, durch und in der Zeit. Nicht jede Kapelle oder Kirche wird zur Kathedrale. Und selbst wenn am Ende die Kathedrale steht, ist der Ursprung sichtbar. Kirchen aus einem Guss sind jung und architektonische Entwürfe ohne Leben. Die Veränderungen kommen, wie die Renovierungen. Die Zeit läuft – und nagt. Das ist das Leben.

Fand ich Kathedralen früher meist zu verbaut oder zu prächtig, kann ich sie nun besser verstehen und einordnen. Es sind über lange Jahre gesammelte Schätze und viele Jahre Leben, die da zum Tragen kommen. So eine Kirche oder Kathedrale kennt gute und schlechte Zeiten. Diese Gebäude erzählen nicht nur etwas von Gott und dem Glauben der Menschen, sondern auch von der Historie der Menschen vor Ort. Wie Ringe im Holzstamm erkennt man Wachstumszeiten und Durststrecken, die das Bauwerk und die Menschen aushalten mussten. Manche schafften es nicht und zerbrachen. Wie auch immer – von Kirchen lasse ich mir gerne ihre Geschichten erzählen.

Kapitel 23: Von Lugo nach Oviedo

Sonntagstour von Lugo Richtung Oviedo. Da ich vertrauensselig der Ausschilderung gefolgt war, merkte ich erst 40 Kilometer später, dass die Richtung nicht stimmte: Ich fuhr laut Kompass zu sehr Richtung Norden. In Meira sah ich mir das Malheur auf der Karte an. Was nun? Dem Kompass folgen und quer Richtung Fonsagrada abzweigen! 30 Kilometer auf kleinsten Straßen durch wunderschöne Berglandschaften folgten, dann war ich wieder auf dem richtigen Weg. Dem Kompass sei Dank.

Jetzt kamen regelmäßig Straßensteine ins Blickfeld, die die Camino-Sonne trugen. Interessanterweise sind die Strahlen genau andersherum angeordnet als beim Abschnitt von Santiago nach Finisterre. Dort fährt man immer in Richtung offene Strahlen, also in die Strahlungsrichtung. Jetzt sind die Symbole umgekehrt angeschraubt. Man fährt oder geht Richtung Zentrum, also gegen die Strahlenrichtung. Von der Gehweise Richtung Westen ist diese Variante paradox. Die offene Variante hingegen erschließt sich durch den Lauf der Sonne, dem ich tagtäglich nachgehe. Möglicherweise hat aber hier das Symbol rein gar nichts mit der Sonne zu tun, sondern stellt nur eine Muschel dar. Nun ja – Hauptsache, man findet den Weg.

Sieben Pilger traf ich heute. Alle Achtung, das nenne ich Ursprünglichkeit, denn dieser Weg dürfte den Zustand des Jakobweges noch von vor 20 Jahren haben: Keine große Infrastruktur für Pilger, sondern ganz normales ländliches Spanien mit Bergen. Wer hier den Weg einschlägt, sollte gut zu Fuß sein und sein Spanisch so weit beherrschen, dass die Situation und die eigenen Bedürfnisse beschrieben werden können. Dieser Camino ist nicht Europa. Keine Refugios, keine Englischkenntnisse, keine Bars, sondern freie Natur. Wer das Gefühl hat, der heutige Jakobsweg sei zu professionell und kommerziell, der bekommt hier eine schöne Alternative. Carmen Rohrbach wäre begeistert. Die Strecke von Oviedo nach Sarria auf dem *Camino norte* entspricht ungefähr dem Abschnitt von Leon nach Sarria auf dem *Camino frances*. Wer also nur eine Teilstrecke plant, hat hier eine natürliche Alternative zum Mainstream.

Die bis zu 1.200 Meter hohen Berge ergeben eine ideale Strecke für Motorradfahrer. Habe deshalb heute mindestens 100 Kollegen getroffen. Ganz beliebt zu sein scheint die Strecke von Grandas de Salime über Pola de Allande nach Puente del Infierno. Sie gehört wohl zum Ausflugsrundkurs, der über Tineo und Salas führt.

In der Tageszeitung las ich, in Salas habe es an einem Tag drei Todesfälle mit Motorradfahrern gegeben. Hier ist es also nicht anders als in Deutschland: Viele Autofahrer sind mit ihren Gedanken woanders. Der eine telefoniert mit dem Handy, der andere lässt gerade jemanden aussteigen oder unterhält sich quer über die Straße mit dem Mann von gegenüber. Dabei werden Motorräder gerne übersehen oder einfach falsch eingeschätzt. Sie sind raketenschnell in der Beschleunigung, dafür labil im Fahrverhalten wie ein Schiff auf dem Meer, das je nach Wind und Welle tanzt. Der Motorradfahrer muss stets die Fahrbahn lesen. Wie ist der Belag? Gibt es Schlaglöcher, Unebenheiten, rutschige Stellen oder Sand? Das Fahrwerk verändert sich selbst in unbeladenem Zustand. Wenn ich bremse, nickt es nach vorn, weil sich die vordere Federung staucht. Dann ist auch die Fahrbarkeit eingeschränkt, weil ich mit einer eingefederten Gabel kaum noch lenken kann. Im Notfall muss ich mich also entscheiden: entweder bremsen oder ausweichen. Mit ABS ist das im normalen Straßenbetrieb einfacher, da die Gefahr eines rutschenden Vorderrades annulliert wird.

Eigentlich, so sagt der Physiker, ist Motorrad fahren unmöglich. Zu viele Variablen. Immer ändert sich etwas, sei es das Gleichgewicht, die Beschleunigung – positiv wie negativ –, die Zentrifugalkräfte oder die Abriebflächen. Wir haben es also mit einem sehr instabilen Einspurfahrzeug und einem sehr differenten Fahrer zu tun, denn der Mensch ist je nach Tagesform und Biorhythmus verschieden aufgelegt. Vieles ist beim Auto ähnlich, gerade was den Menschen angeht. Doch ein Auto hat vier Räder und ist in sich stabil – ein wesentlicher Vorteil. Auch die Heizung bei Kälte und das Dach überm Kopf bei Regen sind nicht zu unterschätzen. Im Idealfall ist das Motorrad im Vorteil, aber wann sind schon die Verhältnisse ideal?

Wir kennen das vom Wandern. Regnet es, schimpfen wir. Ist es windig, hadern wir. Ist es heiß, schwitzen wir und müssen alle Regen- und Kälteklamotten trotzdem tragen – wenn nicht auf dem Leib, so doch im Rucksack. Ich glaube, das ideale Wetter zum Wandern oder zum Motorradfahren gibt es nicht, weil das Wetter sich täglich ändert. Wir sind einfach diesen Naturereignissen ausgesetzt und müssen darauf reagieren. Das macht unterm Strich den Reiz aus. Die Fahrt mit dem Auto wäre für mich nie in den Sinn gekommen. Letztendlich sind für mich die Beweggründe gleich. Ob ich nun Motorrad fahre oder wandere – ich suche Abenteuer und Naturerfahrungen. Die habe ich nicht im Faradayschen Käfig, der mich vor Blitz und Donner schützt. Wäre Luther damals schon Auto gefahren, hätte es nie eine Reformation gegeben. Nur dank seiner Pilgererfahrung in der Natur kam bei ihm der Umdenkungsprozess in Gang. Gehen bewegt und Motorradfahren belebt.

Während des ganzen heutigen Sonntages war ich in Gedanken in Hamburg, weil dort heute der alljährliche Marathon statt-findet. Wäre ich nicht hier, wäre ich jetzt dort aktiv. Ein Freund schrieb mir eine SMS vom wunderbaren Lauf. Bewegung scheint gute Laune herzustellen. In Hamburg laufen meist an die 20.000 Menschen. Alle haben sich gut und lange vorberei-tet. Die Aufregung vor dem Start ist immer sehr groß. An der Strecke säumen nochmals 100.000 Leute den Kurs. Es gibt Musik, und alle feiern ausgiebig das Leben. Man erlebt bewe-gende Szenen. Kampf, Krampf, Niederlage, aber auch Eupho-rie, Lust und Laune. Ich werde immer wieder gefragt, warum ich mir das antue: „Zehn Kilometer reichen doch auch." Mög-lich, aber ich muss erst 30 Kilometer laufen, um das erleben zu können, was nach 30 Kilometern erlebbar wird. Ich kann auch in Hamburg wandern oder Motorrad fahren, aber ich tue das hier in Nordspanien, eben weil es nur hier *den* Camino gibt. Ich fahre auch gerne in die Alpen oder nach Griechenland, aber der traditionelle Jakobsweg ist nun einmal hier. Also muss ich hierher – oder es lassen.

Ich mache das ja freiwillig. Oder doch nicht? Wie oft habe ich mich schon auf dem Camino gefragt: „Warum machst du das eigentlich? Freiwillig? Andere fahren nach Mallorca oder Gran Canaria und schlaffen ab. Du ballerst hier jeden Tag deine Etappe ab und bist fertig – warum?" Nüchtern betrachtet, weil ich wahrscheinlich anders bin. Ich glaube ja auch an Gott und halte mich zu Jesus Christus, träume von einer guten Welt mit Gerechtigkeit, Frieden und Liebe. Ich bin anders, bin Vegeta-rier – eine Minderheit.

Vielleicht bin ich auch verrückt? Gehöre eigentlich nicht auf den Camino, sondern eingesperrt wie die anderen Wilden, entweder in ein Reservat oder in einen tierisch guten Zoo. Dann können mich alle Normalen besuchen kommen. Wenn ich Glück habe, bekomme ich zu den Wanderstiefeln noch ein Motorrad und kann in dieser artgerechten Haltung sogar überleben. Fehlt noch die Kirche. Brauche ich die?

Auf dem Camino sind die meisten Menschen ohne Kirche unterwegs. Ein Deutscher sagte mir erstaunt, er gehe jetzt zwei Wochen und habe noch keinen Pfarrer gesehen. Warum auch? In den Refugios müssen nicht zwangsweise welche vorgehalten werden. Auch hängen dort keine Kruzifixe, und vor dem Essen und Schlafengehen muss nicht gebetet werden. Nein, im Gegenteil. Die spirituellen Caminogänger gehen beispielsweise in Villafranca bewusst ins Refugio Alberque Ave Fenix, um dort einem zu begegnen, der schon vielen auf den Weg geholfen hat: Gott. Der wirkt auch außerhalb der Institution Kirche, weil die Kirche mehr als eine Verwaltung ist und aus vielen Gliedern besteht, die sich zu einem großen Ganzen verbinden lassen. Wäre Kirche nur die sichtbare Institution, so wäre Gott ein verstaubtes Relikt einer zeitgebundenen Epoche. Aber Gott ist Ewigkeit, Leben und Atem. Schon diese drei Paradigmen offenbaren, dass wir Kirche und Gott großzügiger deuten dürfen als nur in historischen Verwaltungsmaßstäben und ihnen mehr zutrauen können als einem Männerverein, der immer alles besser zu wissen meint. Und doch gehört auch dieser Teil zur Kirche wie die Blasen zum Camino. Nichts ist ohne Last im Leben, in der Leidenschaft steckt auch das Leid.

Mein Kollege Kurt-Peter Gertz setzt sich stark mit diesem Thema auf dem Jakobsweg auseinander, gerade weil er in der hierarchischen Struktur arbeitet. Trotzdem wird in seinem Buch Seite für Seite seine Liebe und Leidenschaft für den Jakobsweg deutlich. Man erlebt förmlich mit, wie einer ringt um den guten Weg des Lebens. Wer Erklärungen sucht zum katholischen Ritus und den vielen kunsthistorischen Schätzen am Jakobsweg, dem sei diese Wegbeschreibung wärmstens empfohlen.

Seine Ausführungen zum Pilgermenü sind allerdings nichts für Vegetarier. Kurt-Peter beschreibt seine Schlemmerattacken so anschaulich, dass es dem Vegetarier das Herz zerreißt, wenn dieser fromme Mensch Gottes Geschöpfe knackt, schlürft oder sich anderweitig genüsslich einverleibt.

Es ist nicht schwer zu verstehen, warum das Essen so wichtig scheint. Wir futtern alles in uns hinein. Orale Befriedigung, würden die Anhänger von Sigmund Freud das nennen. Wenn schon sonst enthaltsam, dann wenigstens diese Gaumenfreude. Wäre das nur auf dem Camino so, ginge es ja noch. Das wäre dann die Umkehr der Bußtage, die eigentlich fleischlos gelebt werden sollen. Karneval macht Schluss mit der Fresserei, um am Aschermittwoch die Vorbereitungstage, das Fasten, bis Ostern einzuläuten. Selbst unter der Woche gilt der Freitag in der christlichen Tradition als Vorbereitungstag, worauf die Speisegewohnheit beruht, Fisch zu essen. Denn Fisch galt nicht als Fleisch und war somit auch an Bußtagen erlaubt. Diese ganzen Speiseregelungen wie auch das Bierbrauen der Mönche wirken bis in unsere heutige Zeit. Allerdings wissen nur noch die wenigsten Menschen etwas darüber, und die, die es wissen sollten, kümmern sich nicht darum. Bleibt also wieder die Frage: Wie viel Kirche braucht denn nun der Mensch?

Die meisten Pilger, die ich anspreche, haben mit Kirche nichts am Hut. Sie finden den praktischen Ritus mittelalterlich bis unterirdisch. Trotzdem gehen sie den Jakobsweg. Nur aus sportlichen Gründen? Wie auch immer – auf jeden Fall kommt man auf dem Camino anscheinend gut ohne Kirche aus.

Kapitel 24: Von Oviedo nach Santander

Ganz gut ohne Camino kommt Oviedo aus. Keine Hinweise oder Zeichen weit und breit. Auch nicht in und um die Kathedrale oder die Kirche San Isidoro inmitten der Fußgängerzone. Stattdessen eine Skulptur von einem Geschäftsmann, der mit Hut und Schirm bereit steht zur Reise – keine Pilgerreise, denn um ihn herum stehen sechs Koffer. Der Anti-Pilger. Diese Bronzestatue verkörpert eher die Besitzstandswahrung als den Aufbruch zu einer Pilgerreise. Und sie ist symptomatisch für diese Stadt, in der kein Geist vom Pilgerpfad der Armen weht. Alles ist sauber, schick und teuer. Oviedo präsentiert nicht die Tugenden des Jakobsweges, sondern die der Welt – haste was, dann biste was. Damit wird sie profillos und fad, trotz aller Schönheit.

Da ist Santander ganz anders. Ich saß noch auf dem Motorrad und suchte den Weg zum Zentrum, da fiel mir das erste Hinweisschild des Caminos auf. Hier fühlte ich mich doch gleich willkommen. Diese Stadt lebt. Auch hier Wohlstand, aber keine Sterilität.

Auf den Nebenstrecken um Llanes traf ich sechs Pilger. Dieser Zubringer kam mir dennoch im wahrsten Sinne des Wortes spanisch vor: Keine gesonderte Infrastruktur, nur ab und zu ein Hinweisschild. Vorantasten und den Weg suchen, denn das Straßengewirr machte es für Ortsunkundige schwer. Den einen oder anderen Kreisel fuhr ich zweimal, weil die Richtung nicht klar war. Manchmal folgte ich dem Gespür und glich dieses Gefühl mit meinem Kompass ab, der sich auf dem Tankrucksack mit mir im Kreis drehte.

Das Wetter war heute deutsch: 15 Grad, windig weil Atlantiknähe, dafür in der Sonne herrlich. Auf dem Motorrad wurde mir kühl, und zwischendurch musste ich mich regenfest zuknöpfen, denn schwere graue Wolken schoben sich vor die

Sonne. Die blieben im Gebirge im Süden hängen, das diese Region vom Camino trennt.

Zum Motorradfahren ist diese gebirgige Region mit ihren unzähligen Serpentinen ein Traum, vorausgesetzt es bleibt trocken. Da das Wochenende vorbei ist, sind heute keine Bikes auf der Straße. Sie stehen in der Garage, ihre Fahrer gehen hoffentlich zur Arbeit. Hoffentlich, weil ich ihnen wünsche, dass sie nicht wie die drei armen Freunde aus Salas im Krankenhaus oder Leichenschauhaus liegen.

Im spanischen Stadtbild hingegen ist das motorisierte Zweirad jeden Tag zu sehen, vor allem Roller. Diese kleinen und inzwischen auch schon großen Fahrzeuge wuseln fleißig im Verkehr umher. Würden ihre Passagiere aufs Auto setzen, wären die Straßen restlos verstopft. Man bekommt viele Zweiräder auf die Fläche eines Automobils – damit ist das Mobilitätskonzept für die Großstadt erklärt. Wer jetzt noch den Motor weglässt, wird bei den Radlern der Fahrraddemo in La Coruna oder anderswo offenen Herzen gegenübertreten. Fahrten bis drei Kilometer sind ja ohnehin am besten mit dem Fahrrad zu gestalten. In Hamburg ist das Fahrrad mein tägliches Fortbewegungsmittel – neben den Turnschuhen, da ich ja für die Marathondistanz einiges laufen muss. Steter Tropfen höhlt den Stein, oder viele Kilometer schaffen Routine.

Ich bin stets schwer erstaunt, wenn ich am Sonntagmorgen um 9.00 Uhr an den Start gehe, und 20.000 andere haben sich ebenfalls eingefunden. Wenn ich da immer an die leidigen Diskussionen um die Gottesdienstzeiten denke, muss ich schmunzeln. Denn wenn ich für etwas eine Leidenschaft entwickelt habe, ist mir Zeit und Ort relativ egal. Um bei einem Endurorennen mitzufahren, muss ich oft schon um 6.00 Uhr morgens losfahren, weil die Austragungsorte außerhalb Hamburgs liegen und die Maschine noch vom Veranstalter gecheckt wird. Das heißt ankommen, anmelden, alles vorbereiten, technische

Abnahme, Renneinweisung, Ausrüstung anziehen. Danach ist für zwei Stunden Drecksarbeit angesagt. Dann heißt es wie beim Camino: no path, no glory.

Dass die Kirchen so besucht sind, wie sie besucht sind, liegt in der Tatsache verankert, dass der praktizierte Ritus nicht mehr mit Leidenschaft erfüllt ist. Nur ein bis drei Prozent aller Mitglieder der christlichen Kirche in Deutschland gehen regelmäßig in einen Gottesdienst oder eine Messe. Zwar wird der Brauch des Kirchganges gepflegt und ist theologisch verankert, für den christlichen Glauben des Einzelnen ist er aber anscheinend nicht so von Bedeutung. Jedenfalls höre und sehe ich genug Argumente und Lebensläufe, wo Kirchen wahrgenommen, aber nicht besucht werden. Das ist auf dem Camino dasselbe. Die meiste Zeit meines Weges verbringe ich nicht in einer der vielen Kirchen, sondern auf dem Weg, im Refugio, beim Relaxen oder Verarzten, im Restaurant oder beim Waschen. Das ist das Leben. Und wenn Gott ein Gott des Lebens ist, dann ist er auch überall dort zu finden.

Ich habe auch meine religiösen Gespräche beim Sport. Die Menschen fragen mich oft etwas oder erzählen mir ganz persönliche Erfahrungen und Gefühle. Das ist dann nicht so wie in der Kirche oder im Beichtstuhl, aber von Herzen kommt es trotzdem. Vielleicht gerade, weil im Moment der Pfarrer sein Motorrad richtig schön durch die Matschkuhle gejagt hat und aussieht wie alle anderen Fahrer – verschwitzt und dreckig.

Der Geistliche, der es schafft, einen Bezug zu den Menschen einzugehen, wird stets warmherzig empfangen. Viele Geistliche haben aber anscheinend vor dieser Welt und ihrer Nähe Angst und reden, als ob sie schon nicht mehr von dieser Welt wären. Ich kann mich noch gut an das Gefühl meiner Jugend erinnern, wo ich die Kirchenvertreter als überirdisch empfand. Die Sehnsucht der Nähe Gottes birgt wohl die Gefahr, der

Welt zu entrücken. Dann verliert die Kirche den Anschluss an die Menschen und ist eine Institution wie die anderen in der Welt auch. Darum unterscheidet die Theologie zwischen *sichtbarer* und *unsichtbarer* Kirche. Auch die theologische Unterscheidung von Person und Handlung ist seit der frühen Kirchengeschichte vollzogen, sonst hätte man zum Beispiel viele Taufen annullieren müssen, die nachweislich von einem weltlichen Geistlichen vollzogen wurden. Deshalb ist mir die lutherische Betonung des Glaubens so wichtig geworden. Entscheidend bei allem Tun ist die Haltung des Einzelnen.

Der eine geht den Camino, weil er sportlich ist, der andere weil er fromm ist. Von außen sieht man es nicht. Vielleicht wird sogar der Sportliche fromm und der Fromme sportlich. Der Camino hat schon viele verändert. Voraussetzung ist, aufgebrochen zu sein. Gott kann nur etwas in die Hände legen, die sich geöffnet und ausgestreckt haben. Zwangsmission ist Menschenwerk, wie man ja leider am Matamoros erkennt.

Ich bezweifele, dass der Matamoros heilig ist. Er mag eine menschliche Symbolfigur sein, um die christliche Kultur in Spanien zu beschreiben, aber mit Gott hat es ganz und gar nichts zu tun. Krieg ist Menschenwerk. Habsucht, Gier, Mord, Eifersucht und so weiter, alles ist des Menschen Eigensinn. Dort, wo Gottes Geist die Herzen erreicht, stellt sich dieser Eigensinn zurück, und Liebe, Gerechtigkeit als auch Frieden säumen den Weg. Es ist der Weg Gottes, der nicht durch gelbe Pfeile, sondern über Verständigung und Gemeinschaft erlebt wird.

Der Abendspaziergang in Santander hat mich endgültig von dieser Stadt überzeugt. Die Atmosphäre, wenn man am Hafen Richtung Atlantik schlendert, die Strände, die Häuser und vor allem die Menschen. Alle sind unterwegs. Jeder und jede genießt diesen Weg, sei es beim Joggen mit dem Hund oder im

Gespräch mit einem vertrauten Menschen an der Seite. Santander ist schön, aber nicht eitel. Diese Stadt hat viel zu bieten, ist aber nicht snobistisch. Wenn es Orte gibt, die mich auf meiner Reise nachhaltig beeindruckten, so ist es auf jeden Fall diese Stadt am Meer. Wer hier wohnt, kann froh sein. Jetzt muss er nur noch das individuelle Schicksal meistern. Das ist schon Aufgabe genug. Aber hier stimmt wenigstens die Umgebung.

Unser Dasein wird von so vielen Faktoren bestimmt. Dem eigenen Wagemut und Charakter, dem Elternhaus, der Nationalität, dem Freundeskreis, der Ausbildung, von Förderern, Schicksalsschlägen, Hormonen, Konstitution und Wetterfühligkeit. Die Summe aller Faktoren ist nicht erforschbar. Stets hat die Wissenschaft geglaubt, die Entwicklung eines Menschen läge in prägenden Faktoren wie Eltern, Erziehung, sozialem Umfeld oder Genen. Falsch, denn erst die Summe aller Lebensverhältnisse gibt dem Individuum seine Prägung. Ganz erforschbar ist das nicht. Gut so. Somit bleibt die Persönlichkeit geschützt.

Ausgeforscht sind wir schon genug und vollgedröhnt mit Werbung ebenfalls. Wenn ich das alles kaufen und lesen wollte, was mir die Werbung zum erfolgreichen Leben vermittelt, dann wäre ich schon nicht mehr am Leben, weil hoch verschuldet, ohne Freundschaften, wenn nicht in der Psychiatrie, so doch im Krankenhaus. Die Werbung will nicht meinen Lebenssinn bereichern, sondern meinen Umsatz. Wer diesen Unterschied vergisst, wird durch die Signale der Werbung auf einen falschen und gefährlichen Weg geführt.

Ich höre zwar immer das Argument vom mündigen Bürger, aber ich muss mich auf die Zeichen des Weges verlassen können. Wer mir in fremder Region fremde Zeichen zumutet, ist ein Bösewicht, der möchte, dass ich in die Irre oder zumindest einen Umweg gehe. Wie der Hinweis auf eine Bar im Dorf abseits des Caminos, um Nutzen vom Pilgerstrom zu haben.

Dass der arme Pilger dadurch schwere Umwege wandern muss, vielleicht sogar unter Schmerzen, ist nicht entscheidend, sondern nur das Wohl dessen, der etwas verkaufen möchte. Eigentlich müsste jede Werbung eine Warnung enthalten. So wie auf Zigarettenpackungen. Zum Beispiel: „Vorsicht, der Inhalt dieser Packung ist nicht das, was er verspricht, sondern er schränkt das Leben ein und kann es ruinieren."

Die Verschuldung in Deutschland ist ein warnendes Zeichen, die Finanzkrise zeigt uns allen das globale Spiel mit unseren Existenzen. Es gibt eben Menschen, die keinerlei soziales Empfinden haben und so egoman gesteuert sind, dass eine ethische Empfindung nicht vorausgesetzt werden darf. Die Realität in der Welt ist so, dass es Gut und Böse gibt. Das Böse kommt oft in Form von Weltwirtschaftskrise, Arbeitslosigkeit, Kriegstreiberei, Waffengeschäften, Versprechungen und Schwarzweißmalerei. Es braucht seine Zeit, bis man diese Struktur durchschaut. Wehe dem, der den falschen Menschen vertraut und am Ende seine Existenz für den Rest seiner irdischen Zeit ruiniert hat.

Geld versaut den Charakter, sagt der Volksmund, und ein Reicher kommt nur schwer ins Himmelreich, bekundet die Bibel. Es ist sehr schwer, mit Geld richtig umzugehen und nicht seinen Charakter zu verändern. Meist übernimmt das Geld die Herrschaft über die Person, und es geht um nichts anderes mehr. Das fängt schon bei Menschen an, die kaum Geld haben. Heute sah ich in einem Lotteriegeschäft viele Menschen Schlange stehen, um ihren Gewinn abzuholen. Wer denkt, er wäre bei der Lotterie der Gewinner, der sei aufgeklärt: Der garantierte Gewinner ist der Betreiber des Lotteriegeschäftes. In Deutschland wird nicht einmal die Hälfte der Einnahmen wieder ausgeschüttet. Verkauft und verspielt werden die menschlichen Träume, die allerdings nicht für Geld zu haben sind. Auch das ist eine Erkenntnis des Caminos.

Geld ist nicht der Weg. Doch ohne Geld geht es nicht. Es ist gut, ein neutrales Zahlungsmittel zu haben, um den Warenfluss auszugleichen. Leider sind wir Menschen so, dass nicht jeder nur das nimmt, was er braucht, sondern das, was er bekommen kann. Und damit fängt das Problem an. Dieser Sachverhalt ist so alt wie die Geschichte der Menschheit. Kain ist auf Abel eifersüchtig. David ist scharf auf die Frau des Urias, und Noah wird verspottet wegen seines Glaubens.

Das Geld ist ein notwendiges Übel, weil der Mensch ist, wie er ist. Deshalb ist auch eine Kirche als Verwaltung notwendig. Nicht weil es nicht ohne sie ginge, sondern weil es beim Verhalten der Menschen nicht ohne geht. Sie ist Hüterin, institutionelles Gegengewicht zum Individuum. Die Kirche verwaltet Glaubenssouveränität, wie der Staat gebietssouverän ist. Beides wäre eigentlich überflüssig, wenn der Mensch alles richtig machen und sich sozial für das Gemeinwohl entscheiden würde. Dem ist nicht so. Es entscheidet nicht die Theo-, sondern die Biologie. Das bedeutet, zuerst kommt das Individuum, dann die Sippe oder Familie, erst dann übergeordnete Gruppen wie Stadt, Region oder Staat. Wenn Stress aufkommt, auch bei Existenzbedrohung, läuft diese Spirale rückwärts und schält sich wie bei einer Zwiebel bis zum Kern der nackten Existenzfrage des Individuums.

Das Leben ist schon ein spannendes Abenteuer, und die eigene Biographie ein ganz besonderer Weg. Nicht immer ganz einfach.

Kapitel 25: Von Santander nach San Sebastian

In Santander fuhr ich vormittags los, die Sonne schien am blauen Himmel, obwohl der Wetterbericht Bewölkung mit Regen vorhergesagt hatte. Ich war überrascht und zu warm angezogen. Nachdem ich das Stadtgewirr wieder unter Zuhilfenahme meines Kompasses verlassen hatte und auf der Autobahn Richtung Bilbao fuhr, nahm ich gleich den ersten Service, der sich anbot, um die warmen Klamotten auszuziehen, zu tanken und einen Kaffee zu trinken. An dieser Raststätte arbeitete die netteste und hübscheste Bedienung Spaniens. Aufgemuntert von so viel Freundlichkeit und Schönheit fuhr ich beflügelt weiter.

Doch wie schon bei Ikarus währte auch mein Höhenflug nicht lange. Noch optimistisch eingestimmt durch den Hinweis auf das Guggenheim-Museum auf der Autobahn vor Bilbao, nahm ich die Abfahrt in die Stadt, denn dieses berühmte Museum wollte ich mir unbedingt ansehen. Weiter Richtung *Centro*, bis ich vor dem ABC-Messezentrum stand. Falsch. Weiter durch Häuserschluchten ins Industriegebiet. Falsch. Ich wendete beim Bahnhof, ratterte nochmals über die Autobahn und nahm diesmal die Hauptabfahrt Bilbao, im Verdacht, einen Hinweis auf das Guggenheim-Museum übersehen zu haben. Runde zwei. Gleicher Erfolg. Wieder Häuserschluchten, Plätze, Kreisverkehre, Bahnhof, aber kein Guggenheim-Museum.

Jetzt hatte ich die Nase voll. Wieder auf die Autobahn, aber dieses Mal setzte ich nicht den Blinker, um ins Zentrum abzubiegen, sondern ich fuhr Richtung Getxo. Wollte an die nordöstliche Küste von Bilbao, weil es dort eine Kirche im Meer geben soll, zu der eine lange Treppe führt. Ein abenteuerliches Bild, das die Titelseite meines Reiseführers zierte. Damit bog ich zwar vom offiziellen *Camino norte* ab, aber Ausnahmen bestätigen die Regel und erfrischen den Alltag.

Immerhin hatte ich bei meinen Versuchen, das Guggenheim-Museum zu finden, eine Pilgerin gesehen. Ihr ging es wahrscheinlich nicht viel anders als mir. In Großstädten ist das Wandern besonders anstrengend. Die Küstenstraße entschädigte mich für den Frust in Bilbao – sie war ein Traum. Stärker hätten alle menschlichen Kunstwerke nicht wirken können. Meine Seele blühte auf, die Schmach von Bilbao heilte langsam. Außerdem schwirrten da noch rudimentäre Restfreuden vom Frühstück auf der Raststätte in meinem Geist herum.

Ich bummelte die Küstenstraße entlang. Ab und zu ein Blick auf den Kompass, weil die Karte mit ihrem Maßstab hier völlig überfordert war. Dass diese Region nicht immer so leer ist, belegten die vielen Bauarbeiten und die ganzen modernen Wohn- und Ferienstätten. Auch die vielen noch geschlossenen Cafés mit riesigen Terrassen zeigten, was hier an manchen Wochen im Juli los sein muss. Ich war dankbar, die romantische Natur so unberührt erleben zu dürfen und rollte – mit großer Aufregung – durch die Absperrung, um bis an die Stufen des Kaps heranzufahren. Solche Fotos würde es bestimmt nur einmal geben. Außerdem machte es Spaß, die kurze Steigung zu erklimmen und alte Camino-Erlebnisse aufzufrischen. Oder einfach nur mal etwas Unerlaubtes zu tun.

Gänzlich ohne Spaß war der Aufenthalt in Guernica, südlich der Küstenstraße und östlich von Bilbao gelegen. Diese Stadt wurde von den Deutschen während des spanischen Bürgerkrieges *zur Übung* bombardiert, wobei 2.000 Menschen starben. Picasso malte dazu sein Gefühl, das berühmte Bild hängt in Madrid im Museum. Da es bis dorthin 450 Kilometer sind, sah ich mir die riesige Keramik an, die zum Gedenken auf einer Mauer neben dem Justizpalast dieses Werk in Größe kopiert.

Glücklicherweise blieb das Bombardement ohne Nachwirkungen, und das Leben geht in Guernica heute seinen gewohnten Weg. Zum Beispiel auf dem Camino, der perfekt ausgeschildert ist. Ich fand Hinweise und gelbe Pfeile, welche Wohltat.

Wie Menschen so brutal handeln können wie in diesem Fall meine Landsleute, ist mir unverständlich. Das geht mir bei allen Greueltaten so, von denen ich im Laufe meines Lebens höre. Diese Vernebelung des Menschlichen ist anscheinend international, denn es gibt nur wenige Nationen, die solche Zeiten der Brutalität nicht in der Historie ihres Landes verbuchen müssen. Anscheinend kann man die Menschen ganz allgemein in friedfertig oder gewalttätig einteilen – egal, wo sie wohnen. Auch eine Einteilung in männlich und weiblich ergibt einen Sinn, da Männer eher zu Krieg und Gewalttaten neigen. Frauen sind zwar auch nicht ganz konfliktfrei, aber zwischen Keifen und Schlagen ist ein kategorischer Unterschied. Zum Glück ist seit ein paar Jahrzehnten Bewegung in unsere Selbstwahrnehmung gekommen. Hatten doch in Deutschland der graue Ton und die Einbahnstraßengesinnung all die Blüten und Vielfalt des frühen 20. Jahrhunderts erstickt. Zum Teil für immer.

Mir wird das stets am Liedgut der Deutschen bewusst. Während in anderen Ländern generationenübergreifend Lieder des Landes gesungen und die Nationalität gefeiert werden, hat es in Deutschland einen bitteren Geschmack, Gassenhauer zu trällern. Dafür baut sich die Nachkriegsgeneration einen neuen, englischen Liederkanon auf.

Wenn Deutsche im Ausland beim Feiern gebeten werden, bitte auch ein Lied vorzutragen, wird's meistens ein englisches, oder sie bleiben stumm. Im schlimmsten Fall wird's grau und peinlich. Die Menschen im Ausland wissen dann wenigstens um die Gesangslage der Nation. Ich helfe mir in solchen Fällen stets mit schönen Liedern aus dem evangelischen Gesangbuch. Die sind alt, deutsch und oft bekannt. Außerdem haben sie einen Inhalt, der sich gut herausposaunen lässt, ohne als Nazi abgestempelt zu werden.

Einmal ist mir das passiert. In Athen in Griechenland. Als ich danach irgendwann in Kalavrita auf dem nördlichen Peloponnes gewesen bin, habe ich es verstanden. In diesem kleinen Bergdorf zwischen Patras und Korinth hat die deutsche Wehrmacht das Dorf zusammengetrieben und alle Kinder, Frauen und Alten erschossen, weil die Männer in den Bergen im Widerstand waren. In Kalavrita hängt am Kirchturm als Mahnmal noch immer die verkohlte Uhr aus vergangenen Zeiten, denn nach dem Massaker steckten die Deutschen das Dorf in Brand. Am Erschießungsort steht heute ein Ehrenmal, an dem ich stundenlang gesessen habe, um zu begreifen, was für mich unbegreiflich ist. Wie ein Mensch – ob Soldat oder nicht – zu einer Waffe greifen kann und damit bewusst Menschen hinrichtet, ist mir absolut unvorstellbar. Da zählen doch kein Befehl und kein Gehorsam. Diese Verantwortung lässt sich nicht delegieren.

Umso erstaunter war ich, als ich später in meiner Gemeinde einen älteren Herrn kennen lernte, der sehr beliebt und gebildet war. Er erzählte mir, nachdem ich ihm meine Griechenlandliebe geschildert hatte, dass er auch dort gewesen sei – im Krieg. „Es war ein sehr schönes Land", sagte er. Was er dort gemacht hatte, trug er nicht auf den Lippen. Inzwischen ist er tot, wie fast alle, die damals in der Fremde waren.

Meine Generation hatte und hat immer noch einen inneren Vorbehalt gegenüber diesen Älteren, die wir in der Schule, im Studium, ja überall im Alltag trafen. Auf der einen Seite ging man freundlich miteinander um, oft waren wir von ihnen als Nachfolgegeneration abhängig. Aber innerlich schwebte bei diesem Generationenaustausch immer die Frage mit, ob das Gegenüber nicht auch Altlasten zu verantworten hatte? Dieses Misstrauen zwischen den Generationen macht das Zusammenleben kaputt. Vielleicht können und wollen wir deshalb nicht miteinander singen?

Der Krieg war 1945 zu Ende, Friede herrschte aber noch lange nicht. Die Bibel spricht vom Zeitraum der vier Generationen, wie ich schon erwähnte. Langsam scheint sich Deutschland zu normalisieren, was sich am Vertrauen ins gemeinsame Europa zeigt. Für mich als Nachkriegskind ist es wunderbar, diesen Frieden zu erleben, es ist einer der Hauptglücksmomente meiner Reise: Freie Fahrt, Land und Leuten offen begegnen zu können, sich wahrzunehmen und zu verstehen – auch wenn die Sprachkenntnisse meinerseits nicht mehr als die Höflichkeitsregeln einhalten. Es gibt auch eine internationale Sprache, die alle verstehen – Vertrauen vorausgesetzt.

Kalavrita ist für mich eine echte Versöhnungsstätte, denn die Menschen in diesem griechischen Dorf haben mich nicht beschimpft oder sich etwas anmerken lassen. Auch wenn ich besser Griechisch spreche als Spanisch oder Französisch, wussten sie sofort, woher der große Blonde kam.

Da ich mich moralisch und pazifistisch verpflichtet fühle, auch solche Orte im Ausland zu besuchen, bin ich froh, früh gelernt zu haben, dass man gerade als Motorradfahrer aufpassen muss: Man ist nämlich sehr *militärisch* gekleidet. Ich stand einmal an einem verregneten Abend bei meinem Pastor vor der Tür und hatte meinen damals so geliebten Belstaff-Wachscotton-Anzug an. Er war klassisch schwarz mit Messingknöpfen und vor allem wasserdicht. Mein theologischer Ziehvater öffnete seine Pastoratstür etwas in Gedanken und wurde plötzlich blass. Ich spürte seinen Schreck bis ins Mark und fragte im anschließenden Gespräch nach dem Warum? Er erzählte, dass er im Nazi-Deutschland als Pfarrer unter dem Verdacht stand, Juden nach Dänemark zu schmuggeln, und dass deshalb die SS oft spontan vor der Tür stand. Und die sah genauso aus wie ich: dunkle Uniform mit blinkenden Knöpfen.

Seitdem trage ich bunte Motorradanzüge und die Hose über die Stiefel. Auch der Klapphelm erhöht die Versöhnungschance, indem ich ihn aufklappe und das volle Gesicht preisgebe, wenn ich eine Frage habe. Ohne die Begegnung mit meinem damaligen Pfarrer wären mir solche Gedanken gar nicht gekommen, und ich wäre wahrscheinlich öfter enttäuscht gewesen, wie ablehnend manche Menschen auf Motorradfahrer reagierten.

Ich fuhr an diesem Tag noch bis San Sebastian, 300 Kilometer Tagesetappe. Das ist eigentlich nicht viel, doch wenn man so viele Höhen und Tiefen sowie Fotoshootings an der Küste erlebt, ganz schön erschöpfend. Um 18.00 Uhr fuhr ich in diese Stadt der Villen am Atlantik ein und fand zum ersten Mal auf meiner Reise nicht gleich ein Hotel. Zwei Ablehnungen weil belegt. Ob es an meiner Kleidung lag? Oder an der Helmfrisur des Tages? Im dritten Anlauf klappte es. Allerdings mit ein wenig Schummelei, denn die nette Dame im letzten Hotel hatte freundlicherweise angerufen und gefragt, ob etwas frei sei, sodass ich mit offenem Herzen erwartet wurde.

Das wird die zweitteuerste Übernachtung meiner Reise. Dafür habe ich eine tolle Dusche und überhaupt eine Bleibe. Ich darf die BMW vor dem Hotel auf den Bürgersteig stellen. Und ein Verkehrsschild zum Verankern ist auch da. Alles prima.

Nach dem Duschen geht es in die Stadt. Ich treffe drei Pilger, die nach der Camino-Beschilderung durch die Fußgängerzone schlendern. Sie weichen vom Kurs ab, um in einer *Heladeria* ein Eis zu schlemmen. Sollen sie nur, sie werden noch einiges zusetzen müssen. Gut, wenn sie sich die Wege zu solchen Verwöhn-Kultstätten bewahren. Das zeigt noch Beweglichkeit. Ich schlendere weiter an die Strände dieser Stadt und wundere mich, was dort los ist. Rentner, Berufstätige, Freaks und Pilgerfreunde – eine interessante Mischung.

Trotz dieser ganzen wunderschönen Prachthäuser halte ich auch Ausschau nach einem Supermarkt, um meine Grundnahrungsmittel aufzufrischen. Aber die Menschen hier scheinen sich nur in Bars und Restaurants zu ernähren, denn innerhalb von eineinhalb Stunden Rundgang erblickte ich keine Einkaufsmöglichkeit für Lebensmittel. Kurz vor dem Hotel das Wunder: ein Supermarkt. Als ich die Tür anstoße, ist sie jedoch verschlossen. Ein Zeichen. Ich gehe in eine Bar, und siehe da: Fußball live. Während ich zwei Biere trinke, verliert Barcelona sein Spiel und scheidet aus, was selbst mich als Reisespanier schmerzt, und ich deswegen noch einen Kaffee brauche.

Um 23.00 Uhr laufe ich im Regen zum Hotel, das zum Glück nur drei Straßenecken weiter liegt. Als ich mir die Zähne putze, höre ich draußen ein Unwetter und schaue durchs Fenster nach dem Motorrad. Es gießt in Strömen und stürmt so stark, dass ich Angst bekomme, die BMW könne umfallen. Ich bedaure sie, hoffe, dass sie sicher am Schild angeschlossen ist und sinke in den Schlaf.

Kapitel 26: Von San Sebastian nach Bordeaux

Morgens verschlafe ich das erste Mal auf dieser Reise, weil ich den Wecker nicht höre. Um 10.00 Uhr öffnen sich meine Augen erstaunt. Beim Blick aus dem Fenster steht die Enduro noch am Platz, die Straßen sind feucht, aber die Sonne lacht. Also alle Sachen packen und los. Mal sehen, was der Tag bringt.

Als Erstes fahre ich Richtung Autobahn, denn so scheint es mir am sichersten, die Richtung nach Frankreich zu finden. Heute, nach 5.000 Kilometern, findet die Wiedereinreise nach Frankreich statt. Die Karte im Tankrucksack ist schon getauscht, auch der Sprachführer in der Jackentasche gewechselt. Das sind zwar nur Äußerlichkeiten, aber sie geben ein wenig Sicherheit beim Wechsel in ein anderes Land mit einem anderen Charakter.

Ich bleibe auf der Autobahn. Kurz vor der Grenze halte ich

noch einmal auf einer Raststätte, trinke einen Kaffee und ziehe mich wärmer an. 10 bis 13 Grad, es ist windig. Die Wahrscheinlichkeit, heute noch eine Dusche zu bekommen, ist so hoch wie die Wolkendecke tief. Also alles wasserfest verstauen.

Das nächste Ziel heißt Bayonne in Frankreich. Dort endet der Zug aus Paris, der die Pilger in den Süden bringt. Per Bimmelbahn geht es danach weiter bis Pied de Port. Bayonne liegt zwar hübsch am Fluss und hat nette Cafés und Restaurants, für eine Übernachtung ist es aber noch zu früh, gerade erst Mittag.

So fädele ich mich wieder auf die Autobahn Richtung Bordeaux ein. Eine Landschaft wie in Mecklenburg mit Kiefern und riesigen Feldern. Später eher wie in Niedersachsen – alles schön flach. Ich fühle mich wie zu Hause, zumal es kalt ist, windig und nass. Beim Tanken kurz aufgewärmt, dann bin ich um 16.00 Uhr in Bordeaux.

Diese Stadt am Fluss Garonne, der so groß ist wie der Rhein, empfing mich unübersichtlich und verstopft mit Feierabendverkehr. Es gab noch nie so wenig Hotelhinweise wie hier. Als ich ein Schild sah, musste ich mindestens drei Verkehrsverstöße begehen, um dorthin zu kommen. Manchmal verlangen besondere Bedürfnisse besondere Handlungen. Ich fuhr vors Hotel, und da kein Gendarm folgte, ging ich entspannt hinein und hatte Erfolg: Ein Zimmer für eine Nacht mit Frühstück für weniger als in San Sebastian ohne Frühstück.

Bordeaux ist eine pulsierende Stadt. Die Gassen der Altstadt sind hoch frequentiert mit allen Generationen, die das Ihre suchen und finden. Ich gehe umher und schaue mir alles an, um ein Gefühl zu entwickeln. Doch der Transfer klappt schwer. Irgendwie habe ich das Gefühl, dass ich schneller französisch eingestellt war, als ich die Schweiz verließ. Doch nun war ich einige Wochen in Nordspanien.

Unangenehm fühlt sich Frankreich jedenfalls nicht an. Eher

teuer. Das hält mich nicht davon ab, am Leben teilzunehmen. Irgendwie müssen die Franzosen ja auch rechnen, und wenn viel Geld für das Leben ausgegeben wird, geht woanders eben weniger. Sei es beim Auto, bei der Kücheneinrichtung oder beim Reisen. Die Kommunikation in Form von Treffen, Ausgehen oder Barbesuchen ist in Frankreich auf jeden Fall lebendig. Eine schöne Kultur.

Und komplett anders als die deutsche oder die spanische. Gerade am Lebensstil der Spanier fiel mir während dieser vergangenen Wochen einiges auf. Zunächst das Rauchen. Wird in Deutschland in Kneipen oder Restaurants nicht mehr geraucht, ist das in Spanien noch die Normalität. Allein auf den Autobahnraststätten und in einer Kneipe in Lugo sah ich einen Glaskasten für Raucher. Dazu passt die Entsorgungsart in Bars: Alles auf den Boden. Da kommt die deutsche Reinlichkeit an ihre Verhaltensgrenze. Nicht schlecht geguckt habe ich das erste Mal, als ein Geschäftsmann im Anzug sich morgens um 11.00 Uhr in der Bar ein belegtes Brot und einen Schnaps bestellte. Tagsüber zwischendurch Alkohol zu trinken, ist bei uns verpönt. Ich kenne das noch von früher, als die Kollegen meines Vaters Bier bei der Arbeit tranken. Ab den 1980er-Jahren änderte sich das: Solange gearbeitet wird, kein Alkohol.

So ganz habe ich nie begriffen, wann man in Spanien nun eigentlich über die Straße geht und wann nicht. Die Fußgängerampel zeigt rot, losgegangen wird trotzdem. Die Fußgängerampel zeigt grün, trotzdem lässt man das Auto durch. Ich habe mich da meistens irgendeinem Spanier angeschlossen oder stand als Deutscher einsam an einer roten Ampel, obwohl kein Verkehr floss. Irgendwie unlogisch.

Richtig erschrocken habe ich mich auf dem Motorrad, als auf gerader Strecke ein spanischer Linksabbieger auf die Hauptstraße einfädelte. Obwohl er mich sah, setzte er zum

Abbiegen an. Zum Glück zog er nicht auf meine Spur, sondern auf eine extra Einfädelspur, die in der Mitte der Fahrbahn verlief. Genauso gewöhnungsbedürftig sind die Linksabbieger, die zuerst rechts abfahren, um dann die Hauptfahrbahn im Bogen zu überqueren. Das gibt's in Deutschland nicht.

Auch scheint kein Spanier so zu schlafen wie ich: Bei mir hängt stets ein Fuß unter der Decke heraus. Hier sind alle Bettdecken ringsherum eingeschlagen. Zuerst hatte ich Hemmungen, alles auseinanderzureißen, aber mit heißen Beinen zu schlafen geht gar nicht. Es gibt auch nur Decken und Laken. Selbst das Kopfkissen ist Schmuck. Wer die deutschen Federkissen und -betten kennt, muss sich erst einmal umstellen.

Spanien steht für Sport – zumindest im Fernsehen und in der Zeitung. Diese Präsenz hat er so in Deutschland nicht. Ich hatte das Gefühl, dass die Spanier auch meine Fahrerei auf dem Camino eher sportlich empfanden. Misstrauisch wurde ich nur von dem einen oder anderen Nichtspanier beäugt.

Den Hund als Partner und nicht nur als Kettenwachhund zu sehen, das scheint nun langsam in Spanien anzukommen. Ganz viele Menschen spazieren mit Hunden umher, und ich hatte den Eindruck, dass es insgesamt weniger Kettenhunde gab als früher. Nur selten sah ich solche unmenschlichen Verhaltensweisen. Der Spanier öffnet sein Herz den Tieren, denn auch Plakate von Tierschutzveranstaltungen fielen mir auf.

Wobei Spanien diesbezüglich nach wie vor Missionsland ist. Fleisch steht auf der Tagesordnung, und das ausgewiesene vegetarische Sandwich ist mit Ei und Thunfisch belegt. Einerseits kann man darüber schmunzeln, andererseits ist es im 21. Jahrhundert ein Armutszeugnis, keine vegetarischen Speisen im normalen Alltag kultiviert zu haben. Selbst in den Großstädten sind solche normalen internationalen Standards noch nicht angekommen. Das ist peinlich. Neben Spanien kenne ich nur Portugal, wo die vegetarische Ernährung solche Schwierigkeiten bereitet. Dabei hätte das Land genug Blutloses zu bieten, aber unrühmlicherweise wird jedes noch so schmackhafte Gemüsegericht mit Fleisch, Fisch oder Eiern verpfuscht. Soweit die Sichtweise des Vegetariers. Ein Veganer würde da noch schärfer ins Gericht gehen, da er ja auf jegliche tierische Nahrungsmittel verzichtet und sogar Dinge wie Milch, Käse und Honig meidet.

Eine Szene in einer Bar beschreibt sehr schön eine bestimmte Eigenart des männlichen Spaniers. Ich hielt vor einer Bar, stellte das Motorrad ab und ging hinein. In der Bar saßen am Tresen zwei Personen. Ich bestellte beim Wirt einen Kaffee und setzte mich zwischen die beiden Männer auf einen freien Hocker. Der rechte Nachbar las Zeitung. Der linke rührte seinen Kaffee und, das bemerkte ich, betrachtete mich. Der Wirt servierte mir meinen Kaffee, stellte sich etwas zurück, zündete sich eine Zigarette an und schaute zum Fernseher, wo gerade eine Serie lief.

Ich schlürfte meinen Kaffee inmitten von drei Männern, und keiner sagte etwas. Das schaffen nur spanische Männer. Da der Kaffee in Spanien ja nicht der größte ist, dauerte dieses Stillleben etwa fünf Minuten, bis ich mich mit einem *Adios* verabschiedete und wieder davonritt. Da soll noch einer sagen, wir Norddeutschen seien mundfaul. Der einzige, der in der Bar etwas sprach, war ich, der Nicht-Spanier.

Man stelle sich diese Szene mit Frauen vor. Die deutsche Besucherin wäre garantiert nicht unter vier Kaffee, Kuchen, Broten und vieles mehr nach Stunden wortreich verabschiedet worden. Aber so sind wir Männer halt – besonders in Nordspanien. Dabei wirkte diese Begegnung nicht unangenehm oder unfreundlich. Sie war nur distanziert. Darin liegt eine große Freiheit und zeigt Respekt voreinander. Mir kam auf jeden Fall nie jemand zu nahe, ich fühlte mich nie bedrückt. Typisch spanisch.

In Griechenland zum Beispiel wurde ich stets gelöchert mit Fragen. „Woher kommst du?" „Was machst du?" „Bist du verheiratet?" Da kommst du ins Schwitzen, aber lernst die Sprache. In den Touristenorten mag das anders sein. Aber abseits vom Touristenstrom kommst du mit einem Kaffee nicht davon. Das macht das Fortkommen so schwer. Die spanischen Jungs hingegen ließen mich ohne weiteres fortzuziehen. Fazit: Unser Europa ist bei aller Gemeinsamkeit ganz schön verschieden.

Kapitel 27: Von Bordeaux nach Tours

Heute ist 1. Mai und doppelter Feiertag. Der Tag der Arbeit fällt dieses Jahr mit Himmelfahrt zusammen, da der auferstandene Christus genau 40 Tage nach Ostern ein letztes Mal auf Erden gesehen wird und vor den Augen der Jüngerschar gen Himmel entschwindet, wo Jesus Christus nach unserem Bekenntnis zur rechten Gottes seinen Platz hat.

Das hört sich alles mindestens so spektakulär an wie das Kommen des Jakobus aus dem Meer. Trotzdem besitzen diese Erzählungen eine wichtige Botschaft: Es gibt einen Fürsprecher im Himmel, der weiß, was es heißt, auf Erden zu leben. Christus kennt das Erdenleben. Er hat alle Höhen und Tiefen am eigenen Leib erleben können. Wenn es also zu einer Begegnung kommen sollte, ist dieser gemeinsame Erfahrungsschatz bei allen sonstigen Unterschieden immerhin gegeben. „Der weiß, wovon ich rede", ist ein Schlüsselsatz des Vertrauens. Jeder Politiker, jeder Versicherungskaufmann und jeder Pfarrer, der das über sich von anderen hört, weiß um das Vertrauen, das ihm die Menschen entgegenbringen. Er macht einen verantwortungsvollen Job, weil er mit der Existenz der Menschen zu tun hat. Umso schlimmer, wenn dieses Vertrauen missbraucht wird, und die Menschen am Ende schlecht beraten sind. Das kommt leider immer wieder vor.

Wenn heutzutage Menschen arbeiten, aber trotzdem nicht vom Lohn die Familie versorgen können, dann hat irgendjemand seinen Job sehr schlecht gemacht. Ich sehe auf meiner Reise viele Bettler, die an den Kirchentüren stehen oder in der Fußgängerzone sitzen. Andere geben sich keine Blöße und bieten Papiertaschentücher zum Verkauf an, dann hat das Ganze etwas mehr vom sozialen Tauschhandel.

Wiederum andere musizieren – manche so schlecht, dass die Gabe eher mit der Hoffnung verbunden ist, diese schrägen Töne mögen nicht mehr die Idylle der Altstadt verzerren. Und doch steht keiner da und bettelt mit Leidenschaft. Alle haben ihren traurigen Grund.

In Deutschland haben wir ebenfalls diese Menschen, sie sind aber nicht so sichtbar wie zum Beispiel in Spanien. Das mag an den sozialen Leistungen des Staates liegen, der ihnen sowohl eine Grundversorgung zukommen lässt als auch ein schlechtes Image: Weil es in Deutschland keiner nötig hat zu betteln. Wer in Deutschland die Hand auf der Straße aufhält, muss stets mit einer moralischen Ablehnung rechnen. Das scheint in Frankreich und Spanien anders zu sein. Die Armen sind, wie alle anderen, akzeptiert. Sicherlich möchte keiner mit ihnen tauschen, aber man kennt sie wie den Barmann oder den Zeitungsverkäufer. Der Arme hat seine soziale Rolle und ist so normal wie der Bettler im Stadttor zu Zeiten Jesu.

Ich glaube, dass es Arm und Reich immer geben wird, weil wir Menschen so sind, wie wir sind. Unmenschlich wird es erst dann, wenn wir die Armen der Gesellschaft nicht mehr achten. Gott kann das ändern, und nicht jeder Arme fühlt sich arm, ebensowenig ist jeder Reiche ein Glückspilz. Ich würde beispielsweise nur ungern die Rolle von Prinz Charles oder die des Bettlers an der Kathedrale einnehmen. Dass Reichtum gleichgesetzt wird mit Zufriedenheit, ist nur bis zum Tag der Erfüllung ein Zugpferd. Dann werden wir merken, dass Geld zwar die Währung auf der Welt ist, aber nicht unter den Menschen und schon gar nicht bei Gott.

Das Wort Jesu, dem Kaiser zu geben, was des Kaisers ist, und Gott zu geben, was Gottes ist, geht in diese wichtige Richtung: zu lernen, was im Leben wirklich von Bedeutung ist. Gerade in den reichen Industrieländern mache ich die Erfahrung, wie viele Menschen im Alter um die 40 merken, dass das Altangestrebte nicht trägt. Sie lassen ihren Job sausen – und manchmal noch viel mehr – und beginnen einen neuen Weg. Dieser startet manchmal mit dem Camino. Für den Jakobsweg braucht man etwa so lange wie Jesus in der Wüste zur Vorbereitung auf sein Erdenwerk: 40 Tage.

Die 40 Tage sind im Christentum von großer Bedeutung. Denn ebenso lange war Christus auf Erden, um seine Schar davon zu überzeugen, dass Gott seinen Worten auch Taten folgen ließ. Dann sind 40 Tage der Zeitraum im christlichen Kalenderjahr, um sich auf Ostern vorzubereiten. 40 Tage nach der Beerdigung feiern die Griechen die Auferstehung und Himmelfahrt des Verstorbenen. Selbst ich kenne vielen Erzählungen von Trauernden, die fest behaupten, ihr Verstorbener sei nochmals bei ihnen gewesen. Das geschieht meist im Zeitraum von 40 Tagen. Sicherlich steckt darin auch eine psychologische Variante des Trauerprozesses, trotzdem bleibt ein unerklärlicher Teil der Besonderheit dieser 40 Tage.

Auch meine Reise war auf 40 Tage geplant, doch sie wird aller Voraussicht nach etwas kürzer ausfallen. Auch meine Himmelfahrt darf gerne noch etwas warten, wenn es nach meinem Willen geht. Letztendlich aber vertraue ich dem Gebet und lege meine Existenz in die Hände Gottes, indem ich von Herzen bei allem Eigensinn spreche: „Dein Wille geschehe."

Da hat das Vaterunser für mich seine existentielle Tiefe. So feiern heute am 1. Mai Arbeiter und Christen gemeinsam, aber nicht zusammen. Die einen bedenken die soziale Wichtigkeit von Lohn und Brot, die anderen die himmlische Existenz des Erdengottes. Eigentlich gehört beides zusammen: Wir brauchen unser tägliches Brot und erfreuen uns an himmlischen Gaben. Der kirchliche Ritus dafür ist die Eucharistie beziehungsweise das Abendmahl in Anlehnung an die tägliche Feier Jesu mit seiner Jüngerschar. Wenn ich heute in der Gemeinde gepredigt hätte, wäre dieses Bild gekommen. Die Gemeinschaft um Brot und Wein im weltlichen, sozialen wie im geistlichen, christlichen Sinne. Damit würde ich meines Erachtens beiden wichtigen Anlässen des Tages gerecht werden können.

Heute Morgen trieb es mich zunächst einmal aus dem Hotelzimmer, denn mein Inneres und mein Motorrad riefen: „Wir wollen zurück auf die Straße!" Das würde heute mein ganz persönlicher 1. Mai werden, meine Wallfahrt.

Nachdem ich per Kompass Richtung Osten aus Bordeaux herausgefahren war, fädelte ich auf die Autobahn ein. Da das Wetter trocken blieb, mit windigen 15 Grad, wechselte ich bei erster Gelegenheit auf die Landstraße Richtung Saintes. Das ist einer der alten Zubringerorte von Paris nach Ostabat. In der Stadt selbst gab es keinerlei Hinweise auf den Camino, aber eine interessante Kathedrale. Sie hatte zwar Renovierungsstau, doch das machte sie gerade so interessant, so französisch. Ich pilgerte durch das Kirchenschiff, leise Musik ertönte aus den Lautsprechern. Da ich alleine war, sah ich mir alles in Ruhe an und machte sogar eine Fotografie von der tollen Balkendecke.

Nach dieser Privatbesinnung sattelte ich wieder die BMW und fuhr weiter Richtung Norden. Auf der Landstraße nach Niort kam mir tatsächlich am Fahrbahnrand ein Pilger entgegen. Unter meinem Helm wünschte ich ihm „Bon camino!" Noch vor Niort führte mich die Beschilderung auf die leere

Landstraße 950 nach Poitiers. Erinnerte mich die Region zwischen Bordeaux und Saintes irgendwie an das schöne Dänemark, so kamen hier mehr Hügel ins Spiel. Das war schon eher der Camino, und ich machte ein Foto, auf dem schwer zu unterscheiden ist, ob es Spanien oder Frankreich zeigt.

Diese kleine Straße machte nicht nur mir mächtig Spaß, denn mehrere Biker kamen mir entgegen. Wahrscheinlich ein kleiner Ausflug über das lange Himmelfahrtswochenende. In Poitiers wollte ich nicht schon Schluss machen, denn es war früher Nachmittag, und ich hatte mich gerade erst warm anziehen müssen, weil das Wetter grau und windig geworden war. Da ich nun richtig eingepackt war, entschloss ich mich für eine weitere Etappe nach Tours. 100 Kilometer, eine gute Stunde mit der BMW oder vier Tage zu Fuß. Da getankt werden musste, ging's auf die Autobahn, weil auf der Landstraße viele Tankstellen wegen des Feiertages geschlossen waren. Ihre Zapfsäulen nahmen meine EC-Karte nicht immer an, sodass ich auf dem Lande die Gefahr einging, mit meinem kleinen Tank aufs Trockene zu laufen. Deshalb Autobahn und Gas.

Der Expresszuschlag beträgt auf 100 Kilometer einen Liter, das heißt, der Verbrauch der BMW steigt bei 120 bis 130 km/h auf 4,5 Liter. Was für ein Zweirad immer noch ein absoluter Topwert ist.

Im Vergleich zum vielfach schwereren Auto verbrauchen Motorräder extrem viel Sprit. Da aber das Auto überwiegend alleine genutzt wird, relativiert sich der Verbrauch, wird sogar günstiger als beim Auto. Dabei ist das Motorrad schneller in der Beschleunigung und hat mehr Leistung pro Kilogramm Gewicht. Was das Motorrad so ungünstig im Verbrauch macht, ist zum einen die Versuchung, ständig zu beschleunigen, weil es einfach Laune macht. Das ist wie Karussell fahren. Zum anderen wirkt sich der hohe Windwiderstand aus. Motorrad plus Fahrer – da hört es auf mit der Windschlüpfrigkeit. Das Anlegen von enger Kleidung wie im Rennsport optimiert zwar das Ganze, ist aber für die tägliche Nutzung eher lästig. Bequeme Kleidung wie zum Beispiel mein Textilfahreranzug flattert dafür und schmeißt Falten. Für Hochgeschwindigkeitsfahrten ist das nichts.

Viele Biker geben sich große Mühe, ihre Falten zu minimieren. Sie entwickeln dafür rundliche Formen, die kein Windkanal besser hätte formen können. Der Nachteil ist die Gewichtszunahme. Was nützt mir ein Motorrad von nur 180 Kilo, wenn ich selbst 120 Kilo wiege? Die technischen Errungenschaften der letzten 20 Jahre werden allzu oft von den menschlichen Entwicklungen ausgeglichen. Unten herum eine grazile Gestalt, eröffnet sich nach oben hin ein fulminanter Korpus, zur Krönung ein Helm, der die Pausbäckchen so stark komprimiert, dass die Augen einer 2-Takt-Schlitzsteuerung gleichen. Der *Kolben* im Helm ist gefährdet durch Überhitzung, trägt eine bedenklich rote Farbe und hat Riefen, wenn er dann freigelegt ist.

Als ich in Tours ankam, begrüßte mich diese Stadt zuerst einmal mit einem wunderbaren Platzregen. Zweimal hielt ich vor einem Hotel, zweimal war *complet*. Dafür bekam ich eine erste Orientierung und eine schön eingesaute Kombi. Am Bahnhof fand ich ein Hotel. Der ältere Herr war sehr freundlich, obwohl ich gerade seine Rezeption nass machte. Vielleicht sah ich schon so alt aus, dass er glaubte, das gehöre zum Jahrgang.

Ich legte mich schnell trocken und erkundete die Stadt, was mit einem Kaffee begann. Überall wurden Blumen an den Straßen und Plätzen feilgeboten. Besonders Maiglöckchen, deren Bedeutung mir am heutigen Tag jedoch nicht geläufig war. Da gibt es also noch etwas zu lernen und nachzuholen. Ich tippe auf einen Ritus zum 1. Mai.

Als Erstes ging ich zum Heiligen Martin, der diese Stadt berühmt machte. Die Kathedrale vom allergrößten Kaliber, die auf sein Grab gesetzt wurde, brannte in den Jahrhunderten danach mehrfach ab. Zwar wurde sie immer wieder aufgebaut, doch schließlich im Kirchenstreit von den Hugenotten geräumt und danach zerstört. Jetzt stehen nur noch zwei Türme. Allerdings so weit auseinander, dass man sich gut vorstellen kann, wie groß diese Kathedrale einmal gewesen sein muss. Mindestens gleiche Größe wie die von Santiago. Die neue Kathedrale trägt wieder zwei Türme und ist eine sehr imposante Erscheinung. Die Chorfenster sind bunt, ähnlich der Verglasung in der Kathedrale von Leon, nur in geringerer Stückzahl. Leon ist diesbezüglich einmalig. Jakobus traf ich in der neuen Kathedrale, die dem *Saint Maurice* gewidmet ist, leider nicht. Dafür einen Pilger, der ganz klassisch mit Stock unterwegs war. Auf seinen Rucksack hatte er einen großen Sticker mit einer Jakobsmuschel genäht. Der Senior verstand etwas vom Kult.

Mich freut, dass mein Gemeinschaftsgedanke heute wieder einmal besondere Ehrung erfuhr. Denn als ich in die Stadt ging und noch einen Schnappschuss vom Hotel machte, fiel mir der Name des Hauses auf: *Hotel de l'Europe*. Kein Wunder, dass hier eine so herzliche Atmosphäre herrscht. Überall bemerke ich die Leidenschaft der Hausführung, die Wert auf Details legt. Das Haus ist alt, aber gut gepflegt und sehr kommod. Wirklich eine gute Behausung mit einem guten Geist. Genau das Richtige für den heutigen Feierabend.

Ob das noch der gute alte Geist von Martin ist? Martin war Bischof von Tours, was ihm gar nicht gefiel, wie seine Legende erzählt. Er war mit Leib und Seele Mönch, zum Entsetzen seiner Eltern, die ihren Sohn gerne in der Familientradition des Soldatentums gesehen hätten. Aber Martin wollte nur Soldat Gottes sein. Die Menschen liebten ihn, und als ein Bischof für Tours gesucht wurde, schlug man ihn vor. Doch Martin hatte

Angst vor diesem Amt. Die Karriereleiter in der Kirche verändert die Menschen. Martin wusste das. Er versteckte sich daher bei den Gänsen im Stall. Die schnatterten natürlich los, sodass er nicht lange verborgen blieb. Er musste also doch diesen Weg gehen, und er ging ihn gut.

Die Moral ist dieselbe wie beim Propheten Jona, der auch erst lernen musste, seinen Weg zu finden. Er bekam von Gott Bedenkzeit, bis er wusste, was zu tun war. Schließlich rettete Jona die Stadt Ninive, deren boshafte Bewohner sich durch seine Predigten zum Guten wandelten. Jona hätte das nicht gedacht, aber so ist das mit den Wegen – wir denken oft zu viel. *Der Weg kommt beim Gehen*, heißt eine alte Caminoweisheit.

Der Heilige Martin ist uns heute unter anderem durch die Martinsgans ein Begriff, obwohl ich als Tierschützer das Gänsestopfen und als Vegetarier das Gänseschlachten verurteile. Für mich sind diese blöden Gänse ganz schlaue und soziale Tiere. Die neuere Biologie ist darüber ganz erstaunt – ich nicht.

Der Martinstag ist im Kirchenjahr der 11. November, dann wird meistens Laterne gelaufen und eine weitere Legende von Martin erzählt oder aufgeführt: Die mit dem Bettler, den Martin als Soldat trifft und dem er hilft, indem er seinen Soldatenmantel teilt, um die eine Hälfte dem Armen zu geben. Die meisten Menschen glauben, dies sei eine Handlungsanweisung für Christen – die Hälfte meines Besitzes geht an die Armen. Martin gab aber alles, was ihm gehörte. Denn die Hälfte des Mantels wurde vom Staat bezahlt. Das heißt, Martin verschenkte nur das, was ihm persönlich gehörte. Der umgekehrte Fall von staatlicher Fürsorge für die Armen: Der Staat bleibt unbeteiligt, die Gesellschaft löst das Armutsproblem individuell. Hier haben wir wieder die Facetten des Unterschiedes zwischen Deutschland und Spanien beziehungsweise Frankreich im Umgang mit Armut.

Dass Martin Luther diesen Vornamen besitzt, liegt ebenfalls

an Martin von Tours. Die beiden sind weder verwandt noch verschwägert, sondern Martin Luther wurde am 11. November getauft und bekam nach damaliger Tradition den Namen des Heiligen, dessen Tag gerade gefeiert wurde. Das ist heute in vielen Ländern immer noch so.

In der Nachfolge Martin Luthers und mit den neuen Gedanken der Aufklärung wurde diese Tradition gerade in evangelischen Regionen aufgegeben. Deshalb trage ich einen germanischen Namen ohne christliche Bedeutung. Bei meinen Konfirmanden ist inzwischen alles vertreten, vom Titelhelden einer Zeichentrickfilmreihe bis zum Klassiker aus der Bibel. Der Geschmack und die Eltern entscheiden. Bei Nichtgefallen des gewählten Namens kann ein jeder nachschauen, welcher Heiliger oder welche Heilige am Geburtstag bedacht wurden. Vielleicht gibt es da ja eine Alternative wenn gewünscht.

Eine solche Namensänderung galt stets als Bekehrung zu Jesus Christus. Diese Tradition kennen wir schon von Saulus, der Paulus wurde oder von Abram, der später Abraham hieß, der Vater Israels. Ist man erst einmal auf dem Weg Gottes, fühlt man sich so sicher wie in Abrahams Schoß. Die Namensänderung ist demnach ein christliches Bekenntnis, quasi die Antwort des Menschen auf den Ruf Gottes.

Ich folgte – zumindest in den ersten Jahren – dem Ruf meiner Mutter. Zu ihr hatte ich volles Vertrauen. Sie erzählte mir, dass ich an Himmelfahrt geboren wurde. Damals hatte ich von Himmelfahrt noch keine theologische Deutung parat, sodass sie den Geschmack des Besonderen bekam. Bereits Sonntagskinder, so meine Mutter, seien etwas Besonderes. Und dann auch noch an Himmelfahrt geboren zu sein, das nur einmal im Jahr stattfindet, wäre noch einzigartiger. Das bestärkte mein Gefühl, irgendwie anders zu sein. Pädagogisch war das sehr geschickt von meiner Mutter, da sie auf diese Weise mein Individualbewusstsein stützte. Ich bildete so schon früh eigene Stärken. Die wiederum meine Mutter ertragen musste. So ist das mit Ruf und Antwort. Welche Antwort kommt, weiß man vorher nicht, es sei denn, man stellt Suggestivfragen.

Meine Mutter beschreibt die damalige Situation so: Ich schrie, was für ein Kleinkind nichts Ungewöhnliches war. Aber ich schrie ständig. Sie fütterte mich, ich war satt, aber schrie. Sie legte mich trocken, aber ich schrie. Sie schob mich im Kinderwagen an die frische Luft, aber ich schrie. Und zwar so laut, dass Nachbarn sich beschwerten. Meine Mutter ging mit mir zum Arzt, denn sie hatte Angst, es könnte ernsthaft etwas mit mir sein. Aber alles war in Ordnung. Die Analyse des Kinderarztes: „Zu viele überschüssige Kräfte. Die müssen abgebaut werden, und das geschieht über das Schreien." Also eine Urschreitherapie. Das machte die Sache für meine Mutter nicht angenehmer, aber sie wusste jetzt, dass mit mir alles okay war. Außerdem war ich ja schon von Geburt an etwas Besonderes.

Ich muss gestehen, dass ich mich an diese frühe Phase meines Lebens nicht mehr erinnere. Meine ersten Erinnerungen setzen mit eineinhalb Jahren ein. Davor kann ich für nichts die Verantwortung übernehmen. Allerdings ist das gute Gefühl zur Mutter geblieben.

Interessanterweise habe ich gar kein Gefühl zu Maria, der Mutter Gottes. Liegt es an der evangelischen Prägung? Ich kenne evangelische Christen, die zur Jesusmutter eine innige Beziehung aufgebaut haben. Vielleicht kommt kein Gefühl auf, weil die Rolle schon besetzt ist. Ich habe eine Mutter, die finde ich klasse und verehre sie. Warum soll ich also die Mutter von Jesus anhimmeln? Im Glauben spielt vieles zusammen, die Persönlichkeit, die soziale Prägung, die Bildung und natürlich die kirchliche Begleitung.

Meine Mutter ist die leibliche, eine himmlische kenne ich nicht. Oft höre ich von Frauen, dass bei ihnen die Gottesanbetung mit *Vater* auf inneren Widerstand stößt, weil die leibliche Vaterfigur negativ besetzt ist. Obwohl ich auch den umgekehrten Fall kenne, dass jemand mit schlechten Erfahrungen mit dem leiblichen Vater froh ist, einen guten Vater im Himmel zu haben. Vielleicht wäre ich froh gewesen, beim belasteten Verhältnis zur leiblichen Mutter eine Gottesmutter zu bekommen?

Die Beziehungsgründe sowohl auf Erden als auch im Himmel sind also vielfältig. Sie beziehen sich oft. Auf jeden Fall genießt die Marienanbetung in katholisch geprägten Regionen wie Spanien und Frankreich hohe Bedeutung. Während der Heilige Jakobus öfter in vakanter Position steht, zieht sich auf meiner Reise die Verehrung von *Maria wie ein roter Faden am Weg entlang. So gesehen ist der Camino ein Marienweg. Von Hamburg bis Freiburg, von der Schweiz bis Santiago und über Frankreich wieder zurück begegne ich verlässlich der Mutter Jesu, Jakobus existiert eigentlich nur auf dem Jakobsweg selbst und auf den Zubringern als Leitfigur.

Kapitel 28: Von Tours nach Paris

Meinem Kompass sei Dank konnte ich Tours auf kleinen Straßen entlang der Loire verlassen und fuhr Richtung Osten nach Orléans, in die Stadt mit der Jungfrau. Orléans ist modern mit einem futuristischen Bahnhof, geschwungen aus Glas und Stahl. Die Fußgängerzone ist wie überall, und drumherum stehen Hochhäuser. Die Jugend geht shoppen oder frönt dem Fastfood. Soweit meine Momentaufnahme. Alles also ganz normal.

Vor Orléans an der Loire, die mich sehr an die Elbe erinnert, traf ich eine deutsche Radlerin auf Tour. Als sie meine Muschel sah, erzählte sie, dass sie damals mit ihrem Mann, gleich als die Pension begann, eine Spanientour gemacht habe. Dabei seien sie auch auf dem Jakobsweg gegangen. Während ihrer Rundreise hätten sie nur in diesen edlen Parador-Hotels genächtigt. 40 Tage seien sie unterwegs gewesen. Ich wurde nicht nur bei der Zahl 40 hellhörig, sondern verglich im Hinterkopf mein Reisebudget mit ihrem.

Und trotz – oder vielleicht sogar wegen? – meines Minibudgets beschloss ich, als Tagesziel Paris anzusteuern. Klar: Das würde stressig und teuer werden. Aber irgendwie musste Paris sein. Ich wohnte schon in Berlin und Athen und fuhr deshalb voller Abenteuerlust mit meiner Enduro in den Großstadtdschungel. Es war Freitagnachmittag. Die beste Zeit. Absolute Rushhour. Aber wozu schuftete ich bei so vielen Endurokursen im Dreck? Da würde ich mich doch von einem bisschen Verkehrsgewimmel nicht einschüchtern lassen.

Der Pariser Großstadtverkehr fließt gut, selbst zu dieser Zeit. Das kenne ich sonst nur aus Athen. Es flutscht, und alles ist in Bewegung. Wie beim Motocrossrennen: Überall muss ich meine Sinne haben und die Strecke samt Querverkehr wahrnehmen. Da es gut läuft, fahre ich ohne Karte ganz nach Gefühl die Orte an, die mir bekannt sind: Eiffelturm, Louvre, Arc de Triomphe, Place de la Concorde, Pont Neuf.

Nach zwei Stunden fahren, halten, staunen, fotografieren im Großstadtgewusel schaue ich mich langsam nach Hotels um. Ein Drei-Sterne-Schuppen ist *complet*, also ziehe ich weiter und finde in einer Nebenstraße der Champs-Elysées ein Zwei-Sterne-Hotel sowie eine Motorradparkfläche vis-à-vis. Wenn da nicht mal wieder mein Herr die Finger im Spiel hat? Der Preis ist heiß. Heißer als ich dachte und toppt locker Oviedo, wo ich bis jetzt am teuersten und nicht am besten nächtigte. Das ist hier ähnlich. Aber: C'est la vie.

Nach dem Duschen ist ein Rundgang dran. Der Pilger hat ja so seinen Tagesrhythmus. Die Champs-Elysées kenne ich insofern, als dass Ödön von Horvath auf dieser Prachtallee den Tod fand. Er wurde von einem Baum erschlagen. Welch ein Schicksal für einen so begnadeten Schriftsteller. Ich denke, dass die Bäume ob meiner Schreibkünste lieber ihre Äste behalten, und scheue diesen Weg nicht. Bon Camino!

Mein Landgang dauerte heute sage und schreibe fünf Stunden. Ich ging um 18.00 Uhr aus dem Hotel und entdeckte auf dem Weg zum Eiffelturm einen kleinen Supermarkt. Dort kaufte ich ein. Am Ufer der Seine mit dem Eiffelturm im Rücken zelebrierte ich ein französisches Abendbrot. Mein Baguette teilte ich mir mit wildfremden Tauben. Dank zweier Dosen Bier konnte ich nicht mehr Motorrad fahren. Musste ich aber auch nicht, da ich zu Fuß unterwegs war.

So wandelte ich verzückt für ein paar Stunden als Wahlpariser durch diese Stadt und kam mir vor wie im großen Kino. Was für Menschen! Was für Orte! Was für Stimmungen! Als die Sonne unterging und Paris langsam sein Nachtkleid überstreifte, ging alles samt und sonders in der langen Frühlingsabendstimmung baden. Die Atmosphäre war so bezaubernd, dass es im Grunde keine Zeit mehr gab. Als ich von meinem Rundgang wieder ins Hotel kam, war es 23.00 Uhr und ich todmüde. Ich hatte nochmals die volle Runde zu Fuß gedreht: Eiffelturm, Saint Germain, Notre Dame, Louvre, Place de la Concorde, Champs-Elysées. So blieb ich auch ohne Marathon im Training.

Ob in Paris ein Marathon stattfindet? Sich das Ganze nochmals ohne Autoverkehr anzuschauen, hätte schon seinen Reiz. Auf jeden Fall bietet die Stadt Kino für mehr als einen Abend, sodass ein nochmaliger Besuch keine Zeitverschwendung wäre. Ob das allerdings im Zuge einer Jakobspilgerschaft geschehen sollte, sei dahingestellt, denn den einzigen Hinweis auf Jakobus sah ich an Notre Dame. Im Mittelportal steht der Heilige Ja-

kobus als zweiter rechts vom Eingang. Erkennbar an der Muschel auf der Tasche. Allerdings sieht der Wanderstab einem
Schwert ähnlich. Mehr Camino gibt's nicht in Paris. Halt,
stimmt nicht ganz, denn in der kleinen Kirche St. Julien Le
Pauvre steht eine Skulptur eines Pilgers, der ganz locker sein
Bündelchen am Stock über der Schulter trägt. Das sieht eher
nach einer Brotzeit an der Seine aus als eine ernsthafte Pilgerreise. Die französische Variante eben. Diese Kirche steht südlich von Notre Dame, etwa 500 Meter Luftlinie entfernt. Mehr
Pilgerzeugnisse fielen mir nicht auf. Wen wundert es? Der Ein-
zelne geht in einer solchen Metropole in den Massen unter.

Kapitel 29: Von Paris nach Aachen

Überraschung! Um 8.30 Uhr klopfte es an meine Zimmertür.
Ich dachte zuerst an das Reinigungspersonal, das wohl nicht
informiert wurde, wer schon abgereist war und wer nicht. Das
Geklopfe blieb hartnäckig, trotz meines *Ja!* als Signal, dass ich
noch da sei. Da meine rudimentären Französischkenntnisse am
Morgen noch genauso unentfaltet sind wie der Mensch, der sie
sprechen soll, musste ich meinen müden Leib aus dem Bett bewegen, weil das Geklopfe einfach nicht enden wollte. So stapfte
ich voll verschlafener Schönheit an die Zimmertür, um der
Zimmerreinigung die Gestalt zu zeigen, die morgens so kläg-
lich *Ja!* ruft. Doch als ich die Tür öffnete, stand zu meiner
Überraschung ein Mensch mit einem Frühstückstablett vor
mir. Hatte ich heute Geburtstag?

Natürlich nicht. Doppelt belegt, einerseits mit der Peinlich-
keit meines Aussehens und andererseits mit Freude über diesen Service, stellte ich das Gedeck ans Bett und begab mich in
den Aufwachzyklus. Sollte ich mich gleich waschen und
warmlaufen, dafür aber den Kaffee kalt werden lassen, der

nicht im Thermokännchen dastand? Ich entschied mich für das Frühstück *Laisser-faire* und holte mir das Tablett ins große Bett. Das erinnerte mich an Studentenzeiten. Jetzt lag ich da, frühstückte, krümelte das Bett voll, weil diese Baguettes ungemein spröde sein können. Beim Schokocroissant war ich besonders vorsichtig, denn Schokolade im Bett kann bitter enden. Nebenbei sah ich die Fotos von gestern an und ging meine Wanderung auf dem Stadtplan nach.

So ein großes Bett hat Vorteile. Was da alles hineingeht. Zum vollendeten Wellnessklima kam noch die Sonne heraus und beleuchtete langsam meine Zimmergardinen. So etwas passiert zu Hause nicht. Nicht nur, weil wir keine Gardinen haben. Da ich an der Grenze zu Dänemark groß geworden bin, hat mich der gardinenlose Stil eher geprägt als der deutsche mit Gardine. Nein, auch ein anständiges Frühstück am Morgen ist bei mir selten. Natürlich gibt es Ausnahmen – so wie heute.

Mir geistert seit gestern Abend der Satz aus der Bibel im Kopf herum, dass Gott alle meine Haare gezählt habe. Auf diesen Satz kam ich vermutlich beim Anblick der unzähligen verschiedenen Menschen, die sich aus allen Ländern hier versammelt haben. Die ganze Welt ist in Paris zu Besuch, und alle sind wir Kinder Gottes. Hat er tatsächlich von allen die Haare gezählt? Bei einigen hatte er leichtes Spiel, dafür bei anderen alle Hände voll zu tun. Nicht einmal ich weiß, wie viele Haare ich besitze. Zählt Gott nur das Kopfhaar oder auch Bein-, Brust- und Achselbehaarung? Das ist Schwerstarbeit, zumal nach so einem anständigen Bikertag nicht nur die Arme lang, sondern die Achseln etwas verschwitzt sind. Zählt Gott nur gewaschenes und gepflegtes Haar oder auch meine täglich neue Helmfrisur? Zählen rasierte Haare ebenfalls?

Wenn ich mir diesen Satz aus der Bibel ernsthaft bedenke, türmen sich Fragen auf, die genauso verwirrend ineinandergreifen wie die Eisenträger des Eiffelturms. Ist das menschlicher Übereifer? Oder sind solche Fragen einfach menschlich und dennoch gottgerecht, sodass er nicht zürnen wird über so viel Unglauben?

Ich glaube diesen Satz aus der Bibel, dass Gott alle meine Haare zählen kann. Die gegenwärtigen, die gewesenen und die kommenden. Gott macht alle meine Veränderungen mit. Er begleitet mich. Er kennt mich – sogar besser als ich mich. Obwohl das einer totalen Überwachung gleichkommt, empfinde ich keine Angst, weil ich bei ihm ja in guten Händen bin. Er will mir nichts verkaufen, will nicht mein Geld, will nicht meine Arbeitskraft, will nicht, dass ich Krieg führe. Er will, dass ich lebe.

Wenn meine Mutter schon volles Vertrauen verdient, dann auch mein Vater. Mein Vater ist süß, was er wahrscheinlich gar nicht gerne hört, denn er ist ja ein Mann. Er sieht gerne Abenteuer- und Westernfilme, interessiert sich für Sport, Politik und Autos. Sein Leben wurde durch die Arbeit geprägt und natürlich von seiner Familie, die ihm manchmal viel Gefühl abverlangt. Das war nicht leicht. Wenn man als kleiner Junge den Krieg noch mitbekommen hat, sind einige Weichen gestellt. Wir sind eben alle *Kinder unserer Zeit*, wie Ödön von Horvath sagte, und haben einen gemeinsamen Vater, einen Schöpfer, Gott, der uns so gut kennt, dass er weiß, wie viele Haare gerade auf dem Kopf sind. Und er wird wissen, wie wichtig mir meine Haare sind.

Zwar weiß ich von vielen Frauen, was alles mit Haaren emotional verbunden ist, da ich einmal Religionslehrer in einer Berufsschule war und eine Klasse Friseurinnen unterrichtete, doch gebe ich mir mit dem eigenen Schopf wenig Mühe. Hauptsache praktisch bei Arbeit, Sport und Spiel. Außerdem zaubert ohnehin jeder Tag seine besondere Frisur aus dem Helm.

Es geht mir jedoch unter die Haut, wenn ich mir vorstelle, ich würde irgendwann das Haar verlieren. Im Krankenhaus erlebe ich bei Chemotherapie-Patienten, die ihre Haare durch die Behandlung verlieren, wie sehr das das Körpergefühl und die Seele beeinflusst. Haare sind etwas Intimes.

Gott kennt also auch meine intime Seite, nicht nur die Fassade oder Rolle, die ich aufgebaut oder eingenommen habe. Das ist schon ein einzigartiger Gott, den wir da haben. Seine Liebe zu uns ist unvorstellbar, unerklärbar, nicht mit Worten zu fassen. Deshalb diese geradezu lyrische Beschreibung, dass Gott alle meine Haare gezählt habe. Sie sagt mit einem Satz, wie wichtig ich Gott bin. Mir scheint Gott ein genauso schlauer Pädagoge wie meine Mutter zu sein. Beide schenken mir viel Mut und Selbstvertrauen. Dafür bin ich dankbar. So weiß ich mich geliebt und bin frei. Meine Eltern begleiten meinen Weg, den ich selbst suchen und gehen muss. Und auch wenn meine Haare grau werden, ist diese Liebe noch lebendig. Es gibt Dinge im Leben, die nicht vergehen.

Was schnell vergeht, ist die Zeit, und ich bin schon wieder eine Etappe weiter. Fuhr heute 470 Kilometer und liege jetzt im Hotelzimmer in Aachen. Die Strecke führte über Reims. Der dortige Dom hatte das Problem, dass er sehr dem von Notre Dame glich, doch das Original hatte ich tags zuvor erst gesehen – sogar nachts wunderschön beleuchtet. Also sprang kein Funke über, sondern nur an, und so schnurrten die BMW und ich weiter.

Danach blieben wir auf der Landstraße, denn die Karte wies die Route bis Liège als schöne und besonders attraktive Strecke aus. Zwischen Charleville und Namur ging's auf kleinen Straßen am Fluss entlang. Wunderbar und überall Motorradfahrer, oft ganze Gruppen. Ich war erstaunt, wie schnell Belgien erreicht war. Gleich hinter Givet kam ohne große Vorwarnung die Grenze. Wie ist doch das Reisen in Europa einfach geworden.

Vor Namur ging's Richtung Liège, als sich die Benzinleuchte meldete – die zweite Füllung des Tages ging zu Ende. Da ich heute eigentlich nur bis Liège fahren wollte, bog ich ab ins Zentrum. Die auf Deutsch Lüttich genannte Industriestadt ist sozusagen das Manchester Belgiens. Gerade hatte wohl der ortsansässige Fußballverein gewonnen, denn viele Autos fuhren hupend durch die Stadt, und grölende Männer hielten Schals aus dem Fenster. Bei mir brannte nur das gelbe Licht der Benzinleuchte, und ich brauchte eine Tankstelle. Aber Lüttich war anders als andere Städte. Tankstellen waren so selten wie in den Bergen von Logrono, und meine Anzeige bescheinigte mir, dass ich schon 35 Kilometer mit gelber Leuchte fuhr. Ich musste also unverzüglich eine Tankstelle finden.

Dazu fragte ich am Straßenrand zwei Männer, in der Hoffnung auf klare, schnelle Hinweise. Doch die waren nicht aus Liège und wussten nicht Bescheid. Bei der nächsten Männergruppe gab es eine kurze Diskussion, einen Blick auf mein Nummernschild und dann auf Deutsch den Tipp: „Noch ungefähr drei Kilometer." Ich verstand etwas von geradeaus, links und über eine Brücke. Aber diese Brücke war gerade wegen Bauarbeiten total gesperrt. Alle anderen Wege, meist über Einbahnstraßen, brachten mich so oft um die Ecke, dass ich langsam die Orientierung verlor. Also nochmals fragen. Diesmal auf Französisch. Die Beschreibung klang ähnlich, nur das jetzt die Sperrung der Brücke erwähnt wurde. Also eine Brücke weiter und dann zurück ans andere Ufer. Auf der Flussinsel kam dann die ersehnte Tankmöglichkeit mit Karte. Zum Glück akzeptierte dieser Automat meine EC-Karte. Das habe ich im Ausland schon anders an Tankstellen erlebt.

Nun war der Tank voll und ich müde. Obwohl die Uhr bereits 17.30 Uhr zeigte, wollte ich nicht in Liège übernachten.

Ich hatte kein schönes Hotel gesehen. Also alle Kräfte noch einmal sammeln und ab auf die Bahn nach Aachen. Die 50 Kilometer donnerte ich im Eiltempo über die Autobahn. Als ich in die Stadt einfuhr, erblickte ich ein Eiscafé und hielt spontan. Ich war erschöpft, aber glücklich, endlich wieder in Deutschland zu sein und feierte meine Rückkehr zur Muttersprache mit einem Schokoladeneisbecher, Cappuccino und Wasser, denn ich war total ausgedunstet.

Die Erholung erfolgte Löffel für Löffel und Schluck für Schluck. Am Nachbartisch wünschte mir ein Junge um die acht Jahre guten Appetit. Ich bedankte mich und erfuhr vom Vater den Weg in die Innenstadt. Bei soviel Freundlichkeit entstand gleich ein gutes Gefühl zu bleiben, und ich fuhr Richtung Zentrum, um ein Hotel zu finden. Die waren zum Glück nicht so selten wie die Tankstellen in Lüttich. Um halb acht hatte ich eine Bleibe. Die Dusche fiel kurz aus, weil das Wasser nicht warm wurde. Danach der obligatorische Landgang.

Die Altstadt war belebt, es war Samstag, und die Stadt hatte tags zuvor den Karlspreis verliehen. Es herrschte Partylaune. Was mir gar nicht zusagte. Auch wenn die Freude über die Muttersprache da war, gab es auch eine gewisse Trauer um die Atmosphäre der Fremde. Hier stürzte wieder alles auf mich ein. Ich verstand jedes Gespräch, jede Werbung, die ganzen Menschenmassen waren mir zu viel. In einem Imbiss kaufte ich Pommes und Bier. Die Ersteren aß ich auf der Parkbank, das Letztere nahm ich mit aufs Zimmer, um beim Schreiben des Tagebuches ein Getränk zu haben, das mich so richtig schön müde machen würde.

Jetzt sitze ich da und schreibe und glaube, dass ich einen kleinen Kulturschock habe. Ich weiß an der Fußgängerampel nicht, ob ich nun gehen oder stehen soll? Das Vorfahren zur Verkehrsampel an der Autoschlange vorbei wird kritisch beäugt, und in mir kommt ein Gefühl auf, dass ich schnell nach Hause möchte. Die Zeit des Abschlusses scheint gekommen. Der Reiz des Unterwegssein erlischt.

Ich bin gespannt, wie es mir morgen gehen wird. Für heute bin ich froh, die zweitgrößte Etappe meiner Reise gesund überstanden zu haben. Die BMW läuft bestens, Heimweh macht sich langsam breit. Meine Gedanken sind oft schon bei meiner Frau, den Tieren, der Gemeinde und der Organisation der ersten Tage zu Hause. Was will ich tun, was will ich lassen?

Ich merke aber auch, dass ich nicht so schnell umschalten kann. Meine Seele braucht Zeit. Selbst das Reisen mit dem Motorrad ist zu schnell. Die Seele geht ihren Weg, auch wenn der Leib mit dem Zweirad in mehrfacher Pilgergeschwindigkeit voranrauscht. Unsere Befindlichkeit ist für eine bestimmte Geschwindigkeit abgestimmt und gewollt. Der mobile Fortschritt macht uns schneller als die Seele laufen kann. Auch eine Erkenntnis des Caminos.

Frankreich ist mir im Rückblick übrigens in bester Erinnerung. Das Image des guten Essens stimmt, die angebliche Sprachintoleranz hingegen ist ein Gerücht. An den Grenzen des Französischen meinerseits kamen mir die Einheimischen stets mit Englisch zu Hilfe. Deutschkenntnisse sind allerdings Mangelware. Dennoch gab es in Frankreich nie Kontaktschwierigkeiten. Das besagte gute Essen hat seinen Preis. Die Autobahn, die teurer war als der Sprit für die BMW, ließ oftmals gefährlich zu wünschen übrig, da sie massiv mit Bitumen geflickt war. In einem Regenschauer drehte bei 120 km/h plötzlich mein Hinterrad durch. Kein schönes Gefühl. Wer bei so etwas erschrickt, geht in die Eisen – im schlechtesten Fall in die Planken. Auch in Deutschland gibt es diese Todesstreifen, die bei Regen nicht erkennbar eisglatt werden und bei Hitze weich wie Kaugummi. Beides fatal. Und für solche Flickschusterei bezahlt man in Frankreich noch viel Geld. Da waren die Straßen in Deutschland und der Schweiz besser. Obwohl die Vignette dort auch nicht umsonst ist, kostete sie nur die Hälfte der in Frankreich bezahlten Autobahngebühr. Wie die Franzosen ihr Essen und ihre Mobilität finanzieren, ist mir ein Rätsel. Ich halte ja unsere Region schon für hochpreisig.

Kapitel 30: Von Aachen nach Hamburg

Ab 8.00 Uhr gibt es im Hotel Frühstück. Da paart sich deutsche Pünktlichkeit mit einem Frühaufsteher. Ich merke, dass der Tagesanfang sich für mich verschoben hat. Ich hätte es gern später, aber der frühe Vogel treibt meinen Rhythmus wieder auf das gewohnte Niveau. Also nutze ich diese Morgenstunden am Sonntag, um mich selbst wieder daran zu gewöhnen, in die alte Haut zu müssen. Ich komme mir vor wie ein Mensch, der nach langer Zeit ein Kleidungsstück anzieht.

Meine Frau und ich haben uns anlässlich der ersten Hochzeitstage stets noch einmal unsere Hochzeitskleidung angezogen. Das war lustig, schön und erleuchtend, denn einerseits erinnerte es uns an einen sehr schönen und einmaligen Tag, andererseits veränderte sich im Lebenslauf die eigene Person. Jetzt zelebrieren wir dieses Spiel der Erinnerung nicht mehr, weil die Kleidung und wir doch recht alt geworden sind. Vieles passt nicht mehr.

Ich kann mich gut an die Szene erinnern, als wir uns abends umgezogen hatten und auf die Idee kamen, es uns zu Hause gemütlich zu machen. Wir öffneten einen Wein, betrachteten alte Fotos und bestellten Pizza. Als der Lieferservice kam, öffnete ich die Tür, und der junge Mann schaute mich ehrfurchtsvoll an. So einen gut gekleideten Pastor hatte er im Pastorat nicht erwartet. Als meine Frau im Hochzeitskleid das

Geld an die Tür brachte, wurden seine Augen noch größer. Wir lachten und erklärten unsere Spontanfeier, worauf er uns einen schönen Abend wünschte.

Das ist einige Jahre her, aber bestimmte Erlebnisse scheinen nicht alt zu werden. Ich bin daher gespannt, welche Szenen meiner Reise mir in Erinnerung bleiben werden. Den Motorradanzug trage ich täglich, allerdings hätte der tägliche Pizzagenuss keine guten Folgen, denn dann nähme ich falsche Formen an. So dick soll es nicht kommen.

Beim Frühstück unterhielt mich eine Männergruppe von etwa zwölf Personen, die sich unüberhörbar über ihren Zug durch die Gemeinde Aachen austauschten – sofern man das Zuwerfen von Worthülsen als Unterhaltung werten möchte. Ich war wieder in Deutschland. Nicht, dass es in Frankreich oder Spanien nicht diese Art der Unterhaltung gibt, aber hier verstehe ich sie – leider, denn so kam keine Frühstücksatmosphäre auf, sondern mehr Essensaufnahme am Morgen. Um nicht allzu lange diesem Zustand ausgesetzt zu sein, blieb es beim Kaffee, Brötchen, Saft.

Welcher Pfarrer würde sich sonntags nicht über stärkeren Männerbesuch freuen, denn das starke Geschlecht ist im Leben der Kirche so vakant wie oft auch in der Haushaltsführung. Angeblich liegt es an der frühen Gottesdienstzeit. Doch jetzt ist es gerade 8.00 Uhr, und die Zwölf im Frühstücksraum sind schon auf. Die Wertschätzung des Gottesdienstes und des spirituellen Lebens liegt eben weit abgeschlagen auf den Abstiegsplätzen. Oben stehen Arbeit, Fußball, Party, Autos, alles mit Chance auf internationalen Wettbewerb. Verkaufen wir Männer uns damit nicht unter Wert? Haben wir nicht mehr drauf? Wenn ich alleine an den jungen Vater mit seinem aufgeweckten Jungen aus dem Eiscafé gestern denke, können Männer doch grundsätzlich mehr.

Komischerweise ist Gottesdienst unmännlich. Das liegt nicht am Zölibat und auch nicht daran, dass Frauen den Gottesdienst leiten. Warum haben wohl so viele Männer keinen Zugang zur Kirche, obwohl sie offen steht? Stattdessen Sport, Kumpelei und das andere Geschlecht, das zusehends höhere Ansprüche erfüllt sehen möchte. Welche Frau soll sich diese Männer antun? Das ist nicht nur ein Dilemma unserer Kirche, sondern unserer Gesellschaft. Wir brauchen ein gutes Miteinander in Europa, in Deutschland, zwischen den Menschen, Männern und Frauen, Jungen und Alten. Es fehlt an Gemeinschaft.

Diesbezüglich halte ich Deutschland für arm. Liegt es am Wohlstand? Von den Alten höre ich immer: Früher war das anders. Das ist ein Lebensgefühl, das im Alter kommt, weil die Erfahrungen sich so angehäuft haben, dass Vergleiche gemacht werden können. Doch diese Menschen meinen den gleichen Sachverhalt, denn früher vor 50 Jahren waren die Menschen mehr auf ein Miteinander angewiesen, und die Zerstreuung herrschte nicht so massiv wie heute.

Jesus warnt oft vor dem Reichtum, dem wir alle zu schnell hinterherlaufen. Wörtlich sagte er gemäß Lukasevangelium im 18. Kapitel: „Denn es ist leichter, dass ein Kamel durch ein Nadelöhr gehe, als dass ein Reicher in das Reich Gottes komme." Die freie Camino-Übersetzung wäre: „Wer viel mit sich trägt, kommt nicht weit." Das Nadelöhr war Jerusalems kleinstes Stadttor, durch das nur eine Person passte, mit wenig Gepäck. Schon das beladene Kamel war zu viel. Ähnlich der Baustelle auf der Straße, wo nur noch Fußgänger passieren können. Das Auto bleibt zurück. Oder man kommt nicht weiter. Die angestrebte Luxuskarosse ist schwer zu verlassen beziehungsweise hinter sich zu lassen. Der Reiche kommt nicht weiter – es sei denn ohne Auto.

Auch wenn die Lebensumstände wechseln, die biblischen

Inhalte bleiben aktuell, weil sie Lebensprozesse beschreiben. Jeder Mensch muss sich irgendwann entscheiden, was er tragen kann und wie weit er kommen möchte. Wenn ich mich von nichts trennen kann, stehe ich da wie die Statue in Oviedo mit gepacktem Koffer, aber komme nicht voran. Da nützt mir mein gepflegtes Äußeres nichts.

Der Realität ins Auge schauen, der Zauberwelt mit all ihren verführerischen Seiten entfliehen und wieder merken, was im eigenen Leben trägt. Das sind Erfahrungen, die der Camino lehrt. Das kostet Schweiß, das erfordert Mut und vor allem den Aufbruch, das heißt den Ausweg aus dem Gewohnten und die Erkundung neuer Wege. Das neue Land ist dabei noch nicht in Sicht. Sicher ist nur, dass es kommen wird. Dieser Lebensmythos der Wanderschaft ist ein roter Faden, oder sollte ich besser schreiben: *gelber Pfeil* in der Bibel? Das Volk Israel bricht auf und sucht mit Moses das gelobte Land. Propheten brechen auf und folgen der göttlichen Eingebung. Jesus folgt seiner inneren Berufung. Die Jüngerschar verlässt Haus und Hof für die neu entdeckte Leidenschaft des Lebens.

Und was ist mit uns? Glauben wir den Erzählungen unserer Vorgänger, dass es gut ist, diesen Weg zu versuchen? Ich kann mich mit Alltäglichem und Luxus so belasten, dass ein Ortswechsel nicht mehr möglich wird. Dann bin ich reich – in dieser Welt. Habe alles. Ich erwarte nichts mehr außer dem Älterwerden. Das erinnert mich an die so genannte Affenfalle. Um einen Affen lebend zu fangen, legt man in einen gut befestigten Kasten eine Banane. Diese Falle hat nur ein schmales Loch, durch das der Affe die Banane sieht. Es dauert nicht lange, bis die schlauen Tierchen herausgefunden haben, dass sie ihre Hand durch den Schlitz stecken müssen, um die Banane zu greifen. In dem Moment des Glücks mit der Banane in der Hand stecken sie allerdings in der Falle, weil jetzt die

Hand so groß ist, dass sie sie als Faust nicht mehr herausziehen können.

Biologen haben inzwischen festgestellt, dass sich diese Erfahrung bei den Tieren herumspricht, sodass die Affen aus der Sippe eines Gefangenen bald wissen, dass die Freiheit wiederkehrt, sobald die Banane losgelassen wird. Diese Tiere sind lernfähig, kommunizieren und sind frei. Selbst Jesus nahm öfter Tiere als Beispiel, um den Menschen etwas vom Leben zu erzählen. Wie die Vögel, die sich nicht sorgen und trotzdem leben. Das waren sicher keine deutschen Vögel.

Alte reiche Jünglinge sind für mich viele Besitzer von Wohnmobilen. Vor allem, wenn dieses Ding schon kleine Lkw-Ausmaße besitzt und vielleicht noch einen Anhänger ziehen muss, auf dem ein kleines Auto steht. Bepackter und isolierter kann ich doch nicht unterwegs sein. Das ist *der* Gegensatz zum Pilgern, frei nach dem Motto: „Lieber etwas Gutes und dafür etwas mehr." Diese fahrenden Burgen stehen überall. Sei es am Place de la Concorde oder in der idyllischen Atlantikbucht, auf der Autobahn oder auf den kleinen Landstraßen. Es ist ein Phänomen unserer Zeit. Immer alles dabei. Sich nicht auf andere verlassen müssen. Sich nicht auf eine fremde Region umstellen müssen. Sozusagen ein bewegliches Refugio, mit dem Unterschied, dass ich alleine bin, isoliert, nicht ins Gespräch und auf andere Ideen komme. Ist das Wohnmobil das Lebenssignal: „Ich habe Angst"? Eine Wagenburg: „Ich bleibe lieber in meiner eigenen Welt"! Dazu passt die Satellitenantenne am *rolling Home*.

Mit dem Motorrad läuft das anders. Man kämpft sich durch mit offenem Visier. Die Beweglichkeit ist groß, dafür die Möglichkeit der Eigenversorgung eingeschränkt. Meine Habe in der Packtasche und dem Tankrucksack lässt sich schnell aufzählen: Die Fahrerausstattung, bestehend aus Anzug mit Goretex-Insert, Stiefel, Helm, zwei Handschuhpaaren, zwei Un-

185

terziehhandschuhen, zwei Halstüchern, einem Nierengurt und einer Sturmhaube. Für das Motorrad dabei sind Reifenpannenspray, Kettenöl, Bowdenzüge, zwei Ersatzhandhebel, diverse Schrauben, Handbuch, Kabelbinder, Universalklebeband, Verbandspäckchen, Signalweste, leichtes Zusatzwerkzeug, Regenhaube für den Tankrucksack, ein Seilschloss, ein Spanngurt und zwei Gummibänder. Für den Marathon mussten extra mit die Laufschuhe, Laufshirt, Laufhemd, Laufjacke, Schirmmütze, Pulswärmer, zwei Paar Laufsocken, Meldeunterlagen und eine lange Laufhose, die optimal als Unterziehhose zur Fahrerkombi passt.

Als ich die letzten Male zu Fuß pilgerte, waren dabei: Drei Funktionsshirts, wovon zwei gereicht hätten, weil ich ein Erinnerungsshirt kaufte, drei Funktionsshorts, zwei langärmelige Funktionshemden, eine Fleecejacke, eine Wind- und Regenjacke mit Membran, zwei Paar dünne Funktionssocken, zwei Paar warme Socken und ein Paar Kniestrümpfe, eine Badehose, die nicht gebraucht wurde, eine Wollmütze, die gebraucht wurde, zwei dünne Wanderhosen, bei denen die Beine abtrennbar sind, eine Membranjeans, die regenfest ist, ein Gürtel, ein Schlafsack für die Übergangszeit von null bis sechs Grad, eine schwere Kulturtasche mit Rasierzeug, Zahnbürste und -pasta, Shampoo, Pflaster, Creme, Ohrenstöpsel, Nähzeug, Nagelset, Muskelsalbe, Schmerztabletten und Haarbürste. Unter Diverses läuft Digitalfotoapparat mit Ladegerät, Kleinbildkamera, die ich aber nicht mehr benutzte, Handy mit Ladegerät, zwei Landkarten, zwei Sprachführer, ein Reiseführer, eine Bibel, Portemonnaie, ein Brustbeutel. Auf der Reise kaufte ich ein schönes Poster, sodass noch eine kleine Rolle im Gepäck verstaut werden musste.

Es ist zwar erstaunlich, was hier im Detail so zusammenkommt. Doch stelle man sich die Liste eines Wohnmobilreisenden vor, dann wird der Gegensatz zum Pilgern deutlich.

Beim Packen meiner sieben Sachen im Hotel in Aachen schalte ich den Fernseher an und lande im TV-Gottesdienst. Es gibt wohl ein großes Publikum, das diese Art von Kirchenbesuch nutzt. Am heutigen Sonntag läuft die Übertragung eines orthodoxen Gottesdienstes in deutscher Sprache. Durch meine Griechenlandaufenthalte und mein Spezialstudium kenne ich diese Form des christlichen Rituals gut. Es ist mir vertraut, allerdings nicht in deutscher Sprache. So muss ich zwischendurch umschalten. Der Gesang ist fürchterlich, obwohl ich griechische Gesänge gerne höre. Doch diese schrillen deutschen Töne? Nein, dann doch bitte das Original.

Die orthodoxe Fernsehgemeinde ist noch in Osterstimmung, weil ihr Kirchenkalender der julianischen Zählung folgt. Deshalb sind die orthodoxen Feiertage den evangelischen wie katholischen, die sich am gregorianischen Kalender orientieren, meist nachgeordnet.

Viele Menschen leiden unter den Kirchenspaltungen des Christentums. Aber es ist, wie es ist. Und für mich typisch Europa, weil es zeigt, dass durchaus eine Einheit trotz Vielheit lebbar ist. Ein gemeinsames Europa muss nicht gleichzeitig eine Gleichschaltung bedeuten, sondern kann durchaus die nationalen und regionalen Gegebenheiten beibehalten. Die christliche Gemeinschaft besteht auch aus drei Kirchen mit vielen regionalen Spezialitäten. Die Christen in Griechenland beispielsweise feiern ganz spezielle orthodoxe Gottesdienste, die mit einem evangelischen lutherischen Gottesdienst in Finnland nur die Botschaft gemein haben.

Gleiches sollte für Europa gelten. Die Forderung der Aufklärung nach Gleichheit, Freiheit und Brüderlichkeit ist gerade im Zeitalter der Globalisierung aktueller denn je. Doch Vorsicht: Die Botschaft ist der Inhalt, nicht das gemeinsame Zahlungsmittel oder der legere Grenzverkehr. Diese Äußerlichkeiten sind Folgen des Inhaltes. Es gilt die Erkenntnis der

Architektur: „Form follows function". Bei der Kathedrale des Heiligen Jakobus, beim Haus Europa und bei der Gemeinschaft der Christenheit. Der Inhalt verbindet.

Kapitel 31: Hamburg

Nun bin ich wieder zu Hause. Die Habe wird ausgepackt. Die Waschmaschine bekommt Stress. Und BvZ eine Enduro zum Kundendienst, die knapp 7.000 Kilometer in fünf Wochen reibungslos abgespult hat. Jetzt soll sie wieder ins Gelände und wird entsprechend neu besohlt, bekommt eine kürzere Übersetzung und einen Heckumbau. Fertig ist die Wühlmaus.

Das benutzte Xchallenge-Modell ist ein *Wollmilchmaultier*. Es macht alles mit, fährt auf der Autobahn und im Gelände anständig und verbrauchte auf der Reise zwischen 3,3 und 4,5 Liter Treibstoff auf 100 Kilometer. Die Reisekasse wurde geschont, die BMW nicht. Allein ein drei bis vier Liter größeres Tankvolumen wäre auf dieser Fahrt beruhigend gewesen. Der Rat von BvZ, dieses Modell mit auf Pilgerfahrt zu nehmen, ging ohne Rest auf. Selbst die Endurositzbank ließ es selten an Komfort missen. Wer früher gerne Yamaha XT Ténéré oder Ähnliches gefahren ist, sollte diese BMW einmal Probe reiten. Sie knüpft an alte Erinnerungen an und begeistert mit modernen Fahrleistungen. Nicht umsonst hat KTM einen ähnlichen Verwandlungskünstler im Programm, denn mehr Motorrad braucht man eigentlich nicht. Und noch etwas: Der kernige Einzylinder passt hervorragend zum Pilgerimage.

Was mich als Tierfreund und -schützer rückblickend am meisten schmerzt an der Pilgerreise sind die vielen toten Tiere. Gerade in den letzten sonnigen Tagen war meine Motorradkombi ein Massengrab. So gesehen ist mir unsere Mobilität ein Graus.

Wenn ich dann noch die vielen Tiere auf der Straße sehe, über-
rollt, angefahren, zerquetscht. Da, wo ich halten konnte, kratze
ich diese geschundenen Kreaturen von der Straße. Ich hatte mir
dafür extra Arbeitshandschuhe gekauft und sie stets griffbereit.
Vögel, Igel, Marder, Katzen, Dachse, alles Opfer unseres
Schnellerseins. Sicherlich zerstört jeder Pilger auch Tiere, wenn
er zu Fuß geht. Das ist eine Frage des genauen Hinschauens,
aber die Zahl der getöteten Tiere steigt mit der Höhe der Geschwindigkeit. Das ist leider so und nicht schönzureden.

Ganz eklig finde ich das organisierte Leid. Wer sich als Pilger kurz hinter Portomarin fragt, was da so erbärmlich stinkt,
dem sei gesagt, dass das die Massentierhaltung am Straßenrand
ist. Von außen Werbung für tolle Agrochemie, daneben Silos
und lange Ställe, die mich stets an das KZ Theresienstadt erinnern. Die Tiere sind nur noch Produktionseinheiten und werden maschinell versorgt und geschlachtet. Die Hühner werden
im Akkord lebend mit den Füßen nach oben in ein Fließband
gehängt. Den Rest erledigt die Todesmaschine. Spätestens wenn
ich diesen Gestank aus Chemiefutter, Tierexkrementen und Ka-
davern rieche, frage ich mich, wer das noch isst? Aber wenn das
Huhn hinterher nett eingeschweißt, mit weißem Häubchen auf
den zerstümmelten Beinen in der Tiefkühltruhe im Supermarkt
liegt oder als Hähnchenschnitzel im Kühlschrank, dann riecht
man ja nichts von dem, was zum Himmel stinkt. Dann muss
man sich schon aufmachen und durch die Natur gehen.

Meine Entscheidung, mich fleischlos zu ernähren, ist eine
politische Entscheidung. Ich will als Konsument nicht diese
Massentierquälerei unterstützen. Das gleiche perfide System
herrscht bei Schweinen, Kühen und in der Aquakultur bei Fi-
schen. Überall stinkt es, die Tiere sind keine Lebewesen mehr,
sondern degradiert zu Nummern und Produktionseinheiten,
die in der Bilanz schwarze Zahlen bringen sollen. Rot ist nur
das Blut, das dadurch vergossen wird.

Gerade angesichts von globalen Problemen wie Hunger und Umweltvergiftung empfinde ich diese Massentierhaltung weit schlimmer als unsere Mobilität. Was ist selbst brutaler Stierkampf gegenüber der anonymen Schweinemastanlage mit 100.000 Tieren, die sogar mit EU-Geldern gefördert wird? Diese Ungerechtigkeit schreit zum Himmel und scheint mir die Herausforderung des 21. Jahrhunderts zu sein. Wir kommen nicht um das stinkende Problem herum und an den Tieren vorbei, die wie wir Menschen von Gott geschaffen sind und durch diese brutale Ausbeutung leiden. Wir sollten langsam unser Steinzeitverhalten ablegen und ein Niveau in der Nahrungskette einnehmen, das der Gemeinschaft aller auf Erden gerecht wird. Wenn der Konsument sich umstellte, ist das Problem der Massentierhaltung schnell gelöst, denn die Schlachttiere leben nur kurze Zeit. Innerhalb eines halben Jahres wäre das Elend beendet, wenn wir wollten. Doch anscheinend ist unsere Gier zu groß und unser Fleisch zu schwach. Daran leiden die Schwachen – Menschen wie Tiere.

Der russische Dichter Tolstoi hat behauptet, solange es Schlachthäuser gebe, werde es auch Schlachtfelder geben. Bis jetzt hat er Recht. Leider! Ich finde, hier ist ebenfalls Mut zum Aufbruch gefragt, und ein neuer Weg muss beschritten werden. Nicht nur in Spanien. Buen Camino!

Da ich noch ein paar Tage Urlaub habe, fahre ich mit dem Auto ganz in den Norden Deutschlands, um meine Mutter zu besuchen. Dabei stelle ich zweierlei fest. Einmal ist man im Auto isoliert. Wenn ich mit dem Motorrad unterwegs bin, spüre ich den Wind, rieche die Rapsfelder und schmecke die salzige Luft am Meer. Im Auto sehe ich zwar alles, doch dann ist die Sinneswahrnehmung zu Ende. Stattdessen Aircondition und Radio. Darüber hinaus stelle ich fest, dass ich durch das Radio permanent zugeschüttet werde mit Nachrichten, Meinungen,

Vermutungen und Versprechungen. Ich hatte fünf Wochen kein Auto und kein Radio. Und habe nichts vermisst. So wird mir bewusst, wie abnormal die deutsche Normalität eigentlich ist. Erste Reaktion: Radio aus und Fenster runter. So fahre ich glücklich und langsam, sehe, rieche und schmecke die mich umgebende Umwelt. Die anderen rauschen an mir vorbei. Es ist doch schön, wenn man sich Zeit nimmt.

Wie angenehm kann Pilgerzeit auch zu Hause sein. Ich liege am Morgen im Bett unseres Gästezimmers, der Kaffee dampft, das Tagebuch wartet. Das Wetter ist südeuropäisch ideal mit Sonne und blauem Himmel. Diese Szene könnte auch irgendwo in Spanien spielen. In mir summt ein Lied von Marius Müller-Westernhagen: „Ich will zurück auf die Straße, will singen ...“

Singen offenbart einen ganz gewissen Gemütszustand. Auch wenn mir auf der Pilgerreise nicht immer zum Singen war, heute schwingen die Melodien von selbst. Heute werde ich mich wieder auf meine Enduro setzen, dabei werden viele Reiseerinnerungen wach. Die kann mir keiner nehmen. Diese Pilgerfahrt hat das Motorrad und mich emotional verbunden, obwohl es heißt: „Häng' dein Herz nicht an Dinge.“ Aber wenn man viele tausend Kilometer miteinander abgespult hat, wird man eine Einheit.

Bernt Spiegel beschreibt in seinem Buch *Die obere Hälfte des Motorrads* den idealen Zustand als Einheit von Mensch und Maschine. Solange der Mensch auf der Maschine als getrennter Körper sitzt, wird das Motorradfahren nicht gelingen. Erst wenn Mensch und Motorrad zu einer Einheit verschmelzen, ist die Phase erreicht, in der optimal gefahren wird. Wenn ich das Gefühl habe, ich spüre die Reifenaufstandsfläche wie meine Fingerspitzen, und mein Gesäß fühlt den Druck des Hinterreifens, dann sind wir eine Einheit und fahren perfekt. Dann kommt der *Flow* – alles fließt. Das sind Sternstunden des Motorradfahrens, denn wie beim Pilgern kommt dieser Flow nicht immer zustande.

Wenn ja, dann ist man beim Pilgern zu Fuß ganz und gar *Gehen*. Es gibt keine Trennung mehr zwischen Rucksack und Mensch. Die Stiefelsohle fühlt den Weg genauso wie das Gesicht die Frische der Luft. Keine Beschwerden, keine Gedanken, alles läuft. Ich bin eingegliedert in den Rhythmus des Ganzen. Ein Glückszustand, der kaum zu beschreiben ist, weil er ein Zustand des Unbewussten ist. So weiß man am Ende nur im Rückblick, was Glück war. Vorher ist man so verzückt, dass vor lauter Einheitsgefühl kein Kopf dazwischenfunkt. Solange der Kopf noch läuft, bewegen wir uns verkrampft, angestrengt, fehlerbesetzt. Wer kennt nicht die Zeit der Fahrschule? Spiegelgucken, linker Fuß lässt langsam die Kupplung kommen, rechter Fuß gibt langsam Gas, linke Hand setzt den Blinker, rechte Hand löst die Handbremse. Wer hatte da wohl keine Stresssymptome? Erst wenn diese Abläufe ins Unterbewusstsein gehen, fahre ich locker, weil ich entspannter fahre.

Die Psychologen beschreiben das als Entwicklung von der unbewussten Unfähigkeit zur unbewussten Fähigkeit. Am Ende hab' ich's drauf, was am Anfang nicht möglich schien. Das ist wie das Fahrradfahren, das man – einmal erlernt – nicht wieder verlernen kann. Das einzige, was sich ändert, ist die Routine. Wer 20 Jahre kein Motorrad bewegt hat, kann fahren, aber nicht flüssig. Selbst beim Modellwechsel muss nachgeschult werden, weil sich jede Maschine anders bewegt. Auf einzigartige Weise regelt unser Körper diese Herausforderung und lässt mit etwas Geduld und Übung eine Einheit entstehen. Nicht nur in der Kirche oder in der Europapolitik, sondern auch beim Motorradfahren kommt es auf die Einheit an!

Wer immer eine Differenz spürt zwischen sich und dem Rucksack, dem Motorrad, dem nationalen Nachbarn, Gott, dem wird nie ganz die geglückte Einheit, der Flow, gelingen. Dann bleibt das Zusammensein sperrig, stressig und ein bewusster, aber noch unabgeschlossener Lernprozess. Dann heißt es weiterlaufen, weiterüben, Geduld haben und die Hoffnung nicht verlieren. Das gemeinsame Glück kommt.

Und dann ist mir zum Singen. Singen ist Lebensfreude. Das kann ich mir zu Nutze machen, indem ich mich singend entspanne. Wenn ich zum Beispiel verkrampfe auf dem Motorrad, weil es kalt ist, meine Kräfte schwinden oder ein Rennen stressig ist, dann fange ich bewusst an unter meinem Helm zu singen. Singen entspannt die Situation und mich. Wenn ich locker bin, kann ich viel beweglicher reagieren. Also singen, singen, singen. „Ich will zurück auf die Straße, will singen ...“ Dabei war Marius kein Therapeut – oder doch? Ich kenne jedenfalls eine Frau, die gut Motorrad fährt, aber große Höhenangst in sich trägt. Als wir zusammen über die Alpen fuhren, änderte sich ihr flüssiger Fahrstil. Bei einer Kaffeepause erzählte sie mir, sie singe die ganze Zeit mit *Hänschen klein* gegen ihre Angst an. So kommt man auch über den Berg, aber Freude macht das nicht. Doch auch diese Zustände gehören zum Pilgern.

Motivation spielt eine große Rolle. Auf und nach dem Jakobsweg. Wenn die innere Flamme langsam erlischt, wird der Gang immer schwerer. Jeder, der voller Feuer vom Jakobsweg zurückgekehrt ist, merkt, wie in den folgenden Tagen und Wochen dieses Feuer allmählich erlischt. Eine Pilgerfreundin schrieb mir dankbar auf meinen Gruß vom Camino, dass es schön gewesen sei, wieder erinnert zu werden. Denn der Alltag habe sie wieder ganz im Griff, und sie fühle nichts mehr vom damals so motivierenden Aufbruch, als sie vom Jakobsweg nach Hause kam. Der Jakobsweg ist eine schöne Zeit, aber zu Hause wartet der Alltag. Letztendlich müssen wir unseren eigenen Weg suchen, finden und gehen. Der Jakobsweg ist dafür eine gute Schule, aber keine Heimat. Es ist wie mit anderen nationalen Lieblichkeiten, die man auf Reisen ins Herz geschlossen hat. Versucht man sie zu Hause zu etablieren, merkt man, dass vieles zu Hause anders ist – der Retsina schmeckt nur in Griechenland, das Bocadillo, das belegte Brot, nur auf dem Jakobsweg.

Manchmal kann selbst ein belegtes Brot zur Erkenntnis werden. Das passierte mir, als ich auf meiner letzten Wanderung vormittags mit der Vorfreude auf den Zieleinlauf in Santiago herzhaft in das Bocadillo biss. Es knackte kurz, und meine Zahnkronen samt Schwebeglied im Vorderfrontbereich hatten sich gelöst. Nun sah ich auf einen Schlag alt aus. Es war Freitag, für Sonntag war der Rückflug gebucht. Wie sollte ich jetzt *überbrücken*? Als ich Stunden später im Pilgerbüro anstand, um meine Compostela abzuholen, ließ ich mich von der entspannten Freude anstecken und lachte unbewusst über einen Scherz meiner Nachbarin. Dabei fielen mir die Zähne aus dem Gesicht und lagen auf dem Boden. Mir war aber gar nicht mehr zum Lachen. Ich ging quasi auf dem Zahnfleisch. Voller Demut nahm ich wie ein zahnloser alter Mann meine Bußbescheinigung entgegen.

Eine spanisch sprechende Pilgerfreundin überredete mich, noch in Spanien zum Zahnarzt zu gehen, denn so würde ich die Zeit in Santiago nicht genießen können. Sie hatte die Situation – und mich – richtig erkannt. Also gingen wir gemeinsam zu einem Zahnarzt, der am Freitagnachmittag noch Dienst hatte. Es war wie eine Erlösung. Die Zähne saßen am Abend wieder fest, und unser Abschlussfestessen in der Gruppe konnte von mir wieder belächelt werden. Obwohl der spanische Zahnarzt diese Einheit nur provisorisch eingesetzt hatte, bekam sie meine ortsansässige Zahnärztin nicht demontiert. Seitdem laufe ich mit einem Provisorium aus Santiago herum.

Inzwischen hat es schon eine weitere Pilgerfahrt hinter sich, und ich war froh, in Santiago nicht wieder auf dem Zahnfleisch gehen zu müssen. Fazit: Der Camino bietet für jeden etwas, ist stets eine Herausforderung, und es gibt danach immer etwas zu erzählen.

Genau das ist der Unterschied zum Alltag, in dem wir oft unsere Gespräche verstummen lassen. Alles ist wie immer, man hat sich nichts mehr zu sagen. Stattdessen wird man zuge-dröhnt mit Radio, TV, Reklame, Walkman und so weiter. Das ist eine Gefahr, denn wer seine Sprachfähigkeit verliert, dem geht ein Stück Lebendigkeit verloren. Man denke an die Bar der Maulfaulen in Spanien. Sie sollte eigentlich ein Ort des Ge-sprächs sein – sowohl für Einheimische als auch für Pilger. Wir Menschen leben von diesen Erzählungen. Ein Verlust der Kommunikation ist wie Einzelhaft. Die grausamste Inhaftie-rung. Ich finde, der Camino lehrt neben vielen anderen Dingen auch die Bedeutung von Erzählungen, von Begegnungen und von Austausch.

Auch da ist er Vorbild für unser Europa. Nur mit Aufge-schlossenheit und gemeinsamen Gesprächen kommen wir aus der Isolation, der einzelnen Inhaftierung heraus. Die Öffnung der Grenzen ist wie die Öffnung der Türen, sodass gegenseiti-ger Besuch und Austausch problemlos möglich sind. Nutzen wir diesen Weg!

Kapitel 32: Von Hamburg nach ...

Wann ist der Camino eigentlich zu Ende, frage ich mich heute am letzten Urlaubstag. Heute? Oder wenn alle guten Vorsätze verpufft sind? Oder hat dieser Weg etwa ein open end?

Der Marathon ist nach 42,195 Kilometern zu Ende, das heißt für mich nach 4,35 Stunden. Das Endurorennen ist auf zwei Zeitstunden festgelegt, die geschafften individuellen Runden werden gezählt. Für meine BMW-Enduro war diese Reise nach 6.980 Kilometern zu Ende. Danach wurde sie wieder umgebaut. Und ich? Werde ich auch morgen umgebaut? Bin ich dann wieder normal, nicht Pilgerfahrer, sondern Pfarrer, Seelsorger, Trauerbegleiter? Ist der Camino zu Ende, wenn ich wieder statt des Reiseführers das *Deutsche Pfarrblatt* lese und statt des Sprachführers das *Amtsblatt*?

Oder ist der Camino dann zu Ende, wenn ich morgens weiß, wo ich abends schlafen werde? Also, wenn ich sesshaft geworden bin, die Wanderzeit vorbei ist? Das wäre dann wie bei den Stämmen Israels. Die Nomadenzeit endet im gelobten Land. Gibt es für mich ein gelobtes Land? Sicherlich bin ich Deutscher – je mehr ich mich im Ausland aufhalte, desto mehr wird mir das bewusst. Ich bin Deutscher. Ich bin auch ein Mann. Das lässt sich nicht verleugnen, Geschlecht und Verhalten sind eindeutig. Aber kenne ich eine Heimat? Ist es meine Ehe, die mir gelobtes Land sein soll und mich sesshaft macht? Ist es die Arbeit, meine Gemeinde, in der ich verpflichtet bin zu wohnen, und um die ich mich kümmern soll wie ein Schäfer um seine Herde?

Ist der Sport, der mir zeitlebens die Möglichkeit gab, meine Power gesellschaftskonform auszuleben, die Stätte, die mich beruhigt und still werden lässt? Wo ist meine Heimat, der Ort, an dem der Camino endet, das Santiago des eigenen Lebens – die *Finisvitae*? Nicht wie Finisterre das Ende der Welt, sondern das Ende meines Lebens? Beides gehört zusammen, die Welt und mein Leben. Ich und meine Umwelt gehören zusammen. Ich wurde in die Welt geworfen und muss gehen. Wie Sisyphus.

Bin ich als Sisyphus nun glücklich oder unglücklich? Macht mir das Pilgern Probleme oder die Sesshaftwerdung? Bin ich ein Mensch der Bewegung oder des Vorortbleibens? Bleibe im

Lande und nähre dich redlich, sagt der Volksmund, mein Herz sagt dazu ja. Es gibt Orte, an denen ich gut bleiben kann, auch für längere Zeit. Aber ist das meine Heimat? Als Kind dachte ich, meine Eltern seien meine Heimat. Als Jugendlicher dachte ich, meine Freunde seien es. Heute bin ich erwachsen und habe diese Stätten der Geborgenheit verlassen. Meine Ehe ist kein Elternersatz. Meine Gemeinde ist kein Freundeskreis, auch wenn mir viele Menschen sehr ans Herz gewachsen und vertraut sind. Die Kirche ist auch keine Heimat, dazu habe ich zu viel Einsicht. Bleibt die Frage, wie mein Weg sein Ende findet?

Ich weiß es nicht. Ich bin noch unterwegs – auch am letzten Tag dieses langen, außergewöhnlichen Urlaubes. Ich werde oft gefragt, wie war's? Die Augen der Fragenden sind voller Erwartungen, denn eine Pilgerreise ist doch anders als ein Mallorca-Aufenthalt.

Aber ich bin wortkarg, kann keinen braun gebrannten Leib vorweisen. Im Gegenteil wirke ich noch dürrer, weil ich abgenommen habe. Auch liegen keine Urlaubsfotos vorzeigbar parat oder tolle Storys von wilden Partys. Ich war unterwegs, und meine Seele scheint es noch zu sein. Ich kann diese Fahrt nicht bewerten, also sage ich: „Es tat gut, unterwegs zu sein."

Ich war weg, und das war und tat gut – soviel lässt sich sagen. Es war keine schlechte Zeit. Sie ist auch nicht vertan – im Gegenteil! Aber vielmehr ist kaum zu sagen. Es reift noch. Eine Art Inkubationszeit. Der Samen ist gesetzt, aber was aus der Frucht wird, bleibt abzuwarten. Bin ich als Mann schwanger geworden? Nachdem meine Frau und ich in den letzten 15 Jahren festgestellt haben, dass auch ich meinen Monatsrhythmus habe, schockt mich diesbezüglich nichts mehr. Sind es die Gefühle, die immer mehr Oberhand gewinnen? Zerbricht langsam das Haus meiner Männlichkeit, in dem ich groß geworden bin?

Die materielle Welt meiner Eltern und des Nachkriegsdeutschlands habe ich verlassen. Die jetzigen Versprechen der

Gesellschaft sind keine Steine, auf die ich bauen möchte. Ich habe also Vergangenheit und Zukunft aufgegeben, lebe ohne Haus. Ich weiß, woher ich komme, aber das Ziel des Lebensweges ist nicht festgelegt. Ich gehe, bin gegenwärtig und warte voller Spannung und Hoffnung auf das, was sich auf diesem Weg ergibt: die Begegnungen, die Lasten, die Freude, die Unsicherheit und die Freiheit. Ich bin unterwegs.

Bleibt die Frage wohin? Ich weiß es nicht. Ich weiß weder die Länge des Weges wie beim Marathon, noch die vorgegebene Zeit wie beim Endurorennen. Ich bin unterwegs, weiß nicht, wie viel Zeit ich habe und wie lang die Strecke werden wird? Aber ich gehe. Letztendlich wie auf dem Camino, der zwar sein ausgewiesenes Ziel hat, doch kommen dort lange nicht alle an. Andere erleben das gedachte Ziel nur als Zwischenstation, ihr Weg geht weiter. Der Camino ist realistisch betrachtet individuell ganz verschieden.

Ein ausgewiesenes Ziel hat auch mein Leben. Ich vertraue meinen Vorgängern und dem Reiseführer Bibel. Sie erzählen von vielen Pilgern vor mir und von sehr verschiedenen Wegen, die zum Ziel führen. Sie nennen es Gott. Gott bietet mir keine glanzvolle Kathedrale, aber eine Heimat.

Also kein Zieleinlauf und keine bleibende Stadt? Das Ziel ist nicht von dieser Welt, auf der ich keine Heimat finde. Das verbindet mit diesen Pilgerfreunden der Bibel. Wir sind alle auf dem Weg. Keiner fand das Ziel im Elternhaus, in der Familie, im Beruf, im Freundeskreis, sondern alle gingen ihren ganz persönlichen Weg. Es ist ein Weg, der alleine gegangen werden muss. Der persönliche Camino. Trotzdem ist man nicht einsam, weil sich immer eine Begleitung einstellt, weil man andere trifft. Dann geht man den Weg zusammen. Mal kurz, mal lang oder auch getrennt, um sich dann wieder zu treffen. Das geschieht oft ungeplant, spontan oder auch abgesprochen.

Alles ist möglich – unter dem Vorbehalt, dass alles auch ganz anders laufen kann. *C'est la vie*, sagt der Franzose. *Die Wege des Herrn sind unergründlich*, sagten die alten Israeliten, und ich bete wie viele andere Christen im Vaterunser: *Dein Wille geschehe*. Nicht ich, sondern Gott in mir lenkt meinen Weg. Wir sind eine Einheit, so wie es schon mein Vorgänger Paulus beschrieb, und der war nachweislich viel unterwegs und gut zu Fuß. Nicht als Leichnam von Engeln getragen, überquerte er das Mittelmeer, sondern abenteuerlich mit dem Schiff oder zu Fuß drumherum. Dieser Weg führte ihn bis nach Rom, eine der drei klassischen christlichen Pilgerstätten neben Jerusalem und Santiago de Compostela. Hier fand er sein irdisches Ende, aber nicht sein Ziel.

Pilgerreise oder Luxus? Glaube oder Abenteuerlust? Kann ich das entscheiden? Jetzt am Ende dieser langen Reise?

Es ist ein großes Abenteuer, durch fremde Länder und Regionen zu fahren, auch wenn sie nur in Europa liegen. Je abgeschiedener die kleinen Pfade, desto abenteuerlicher wird es. Besonders wenn man alleine unterwegs ist und nur die Reserveleuchte mit einem kommuniziert.

Es ist ein Luxus, die Zeit zum Reisen, ein Motorrad und das Geld dafür zu haben. Allerdings muss man sich diesen Luxus auch gönnen. Ich bin froh, diese Reise gemacht zu haben. Die Erinnerungen erfreuen noch immer mein Herz.

Es ist der christliche Glaube, der mir auf Schritt und Tritt auf dem Jakobsweg begegnet. Immer wieder erzählen Menschen, Gebäude oder die Natur selbst von Gott. Nicht immer nachvollziehbar und verständlich, aber lebendig. Ich war nie alleine unterwegs, obwohl nur ich auf dem Motorrad saß.

Es war eine Pilgerreise, denn die Sehnsucht wurde erfüllt, neue Nahrung für mein Leben zu finden. Die Offenheit, der Respekt und die Ehrlichkeit der Menschen auf dem Weg schenkten mir frische Hoffnung. Es geht auch anders. Der Jakobsweg lädt jeden ein, sowohl offiziell zu Fuß, mit dem Fahrrad oder dem Pferd als auch inoffiziell mit dem Motorrad. Entscheidend ist der Mensch, der sich auf den Weg macht. Buen Camino!

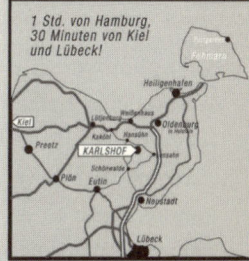

Holger Janke

Als leichteste Geburt seiner Mutter erblickte der Autor 1961 in Norddeutschland das Licht der Welt. Voller Tatendrang nervte er seine Eltern. Durch den Sport wurde er ruhiger und gesellschaftstauglich. Mit 16 kam dann die heiß geliebte Zündapp Super Sport und später das Abitur auf einem Technischen Gymnasium. Es folgten Militärdienst beziehungsweise nach dessen Verweigerung der Zivildienst. Durch die Eindrücke im Krankenhaus stürzte er sich in das Studium der ev. Theologie, um den Sinn des Lebens zu finden. Nun ist er ev. Pfarrer und dem Leben weiterhin auf der Spur – gerne auch noch mit dem Motorrad. Er ist offiziell Seelsorger für Motorradfahrer und fährt als Endurist oft die Karre in den Dreck.

Als Autor verbindet Holger Janke sein berufliches Wissen mit den vielen Erlebnissen des Motorradfahrers. Den Jakobsweg kennt er durch mehrere Pilgerreisen. Mit der beschriebenen Motorradreise nach Santiago de Compostela erfüllte er sich den Traum einer Pilgerfahrt, die in Hamburg startet, um die traditionellen Routen durch ganz Europa unter die Räder zu nehmen.

Vielen Dank,

dass Sie sich für dieses Buch entschieden haben. Mit dem Erlös des Buches wird die Arbeit von *Bikers Helpline* unterstützt und Sie tragen mit Ihrem Erwerb zur Hilfe bei. Als Autor des Buches hoffe ich natürlich auch, dass dieses Werk Ihnen viel Lesefreude bereitet und viele interessante Informationen zum Jakobsweg bietet. Darüber hinaus beschreibt es die gemeinsame Leidenschaft, die uns verbindet.

Besonders möchte ich dem HIGHLIGHTS-Verlag danken, der mir mit großem, freundlichem Engagement bei der Umsetzung dieses Spendenbuches behilflich war und sogar noch mein gespendetes Honorar aufstockte. Außerdem danke ich der Firma Bert von Zitzewitz (BvZ), die durch eine Spende für den Druck letztendlich den Erlös von einem Euro pro Buch für *Bikers Helpline* ermöglichte.

Großer Dank gilt den vielen einzelnen Unterstützern, die mir bei dieser Arbeit mit Rat und Tat geholfen haben. Es tut gut zu wissen, so viele wohlwollende Wegbegleiter zu haben. Obwohl ich meine Reise alleine unternahm, ist dieses Buch ein Produkt der großen Gemeinschaft, mit der ich unterwegs bin.

Buen Camino! Holger Janke

Das Spendenprojekt dieses Buches:

Bikers Helpline ist ein gemeinnütziger, einge-
tragener Verein, in dem sich Seelsorger, Psychologen und Pfarrer zusammengeschlossen haben,
um Motorradfahrern zu helfen. Da alle selbst ein
Zweirad fahren, wissen sie, was es heißt, mit
dem Motorrad unterwegs zu sein, und welche
Gefahren überall lauern. Bikers Helpline ist ein
Netzwerk für Biker und ihre Angehörigen. Seit
über 10 Jahren hilft der karitative Verein durch
den einzigartigen **Notruf 0180-44 33 333**, der
rund um die Uhr erreichbar ist. Jeder Anruf aus
dem Festnetz kostet Dank eines Sponsors nur 19
Cent. Bikers Helpline ist bundesweit ehrenamtlich aktiv.

Ausführliche aktuelle Informationen über Ver-
anstaltungen, Trauerseminare, Mitgliedschaft
etc. sind unter **www.bikershelpline.de** zu finden.

Nachwort zur 2. Auflage

Viele Leserinnen und Leser haben sich die Mühe gemacht, im Internet meine Adresse zu recherchieren, um mir nach dem Lesen des Buches bzw. nach einer Pilgertour mit dem Motorrad etwas mitzuteilen (im Folgenden *kursiv* gedruckt). Dafür danke ich euch sehr!

Die erste Erkenntnis ist, dass eine Pilgertour mit dem Motorrad im Sommer einfacher ist. Viele hatten das Buch mit on tour, und es wurde nicht permanent nass, sondern gab vor Ort trocken Auskunft und offenbarte *eine andere Sichtweise*. Die Reisenden mussten nicht ständig frieren, sondern konnten den Camino bei wohligen Temperaturen genießen und ihr Zelt aufschlagen. Eine Unterkunft ist überall zu finden. Die meisten machen zwei bis drei Wochen Urlaub auf dem Jakobsweg.

Der Motorradfahrer ist und bleibt inoffizieller Pilger. Der ehrliche Versuch eines Bikers, einen Pilgerausweis zu bekommen, scheiterte, weil der Antrag *mit militärischer Strenge* abgelehnt wurde. Ich glaube aber, dass der Jakobsweg auch ohne offizielle Registrierung eine Reise Wert ist.

Viele haben sich auf den Weg gemacht, weil sich ihr Glauben im Laufe des Lebens *verflüchtigt* hat. Cruz de Ferro, O Cebreiro und Monte do Gozo werden als beeindruckende Orte benannt. Bei Letzterem gibt es nicht nur das große, im Buch benannte Denkmal, sondern auch eine kleine Pilgerstatue, von der man, so der Tipp, die Türme der Kathedrale von Santiago sehen kann. Also richtig Ausschau halten.

Auch wenn die Kathedrale von Burgos Eintritt kostet, so wurde mir mitgeteilt, dass sich ein dennoch Besuch lohnt. *Man kann dort einen ganzen Tag verbringen.* Wer nur kurz, so wie ich, am Ende des Tages innehalten möchte, muss also abwägen, ob dafür der Obolus gerechtfertigt erscheint.

Der Jakobsweg, so wird oft bestätigt, beflügelt die Gedanken zum Thema *Leben und Tod*. Die Intensität des Lebens erwacht und mit dem Leben auch der Tod, der in vielerlei *Zeichen* den Weg begleitet. Da erscheint es geradezu logisch, dass ein Pilgerfreund aus der Pfalz mich in seinem Testament aufnimmt, damit ich bei seiner Beerdigung das letzte Geleit spreche. Der Camino verbindet auch Nord- und Süddeutschland.

Die europäische Dimension des Jakobsweges wird von vielen erlebt. Die Gemeinsamkeiten, aber auch die Unterschiede. In dieser 2. Auflage des Buches ist deshalb die sprachliche Variation mehr eingeflossen. Stand ursprünglich stets der zuerst gehörte Pilgergruß *bon camino* aus Frankreich, so grüßt jetzt der Jakobsweg in Spanien mit *buen camino*. Damit entsteht mehr Ortsnähe, und die sprachlichen Facetten Europas finden größere Beachtung. Der *camino frances* liegt nun einmal hauptsächlich in Spanien.

Ich freue mich sehr über die vielen Rückmeldungen. Der Text der 2. Auflage wurde dementsprechend überarbeitet. Statt der Firma TOURATECH übernahm für diese Ausgabe Bert von Zitzewitz (BvZ) die Projektförderung für dieses Spendenbuch. Beiden sei herzlichst gedankt für die engagierte Unterstützung.

Viel Freude beim Lesen
Holger Janke

P.S.: Damit nicht lange im Internet recherchiert werden muss, hier die Mailanschrift für Rückmeldungen oder weitere Informationen: bikershelpline@gmx.de

Auf den Spuren von Marco Polo & Co.

Andreas Hülsmann
Zauber des Orients
ISBN 978-3-933385-40-6

Einst zogen die Karawanen über die **Seidenstraße**, durch Gebirge und Wüsten, sie trugen **die Schätze Chinas** nach Europa. Den Städten entlang der großen Handelsrouten brachten sie **legendären Reichtum** und machten **Buchara, Samarkand oder Chiwa** zu einigen der faszinierendsten Orte der Welt. **Andreas Hülsmann und seine Frau Claudia** waren vier Monate lang auf den Spuren von Marco Polo & Co. unterwegs. Ihre **17.000 Kilometer lange Reise** führte sie durch die **Türkei nach Georgien**, von wo es durch Aserbaidschan nach Baku ans Kaspische Meer ging. Bei glühender Hitze durchquerten sie **Turkmenistan, Usbekistan, Tadschikistan, Kirgisien** und **Kasachstan** und erklommen die höchsten Pässe des **Pamir Gebirges**. Russlands eisige Temperaturen zwangen sie bis Moskau in einen Wagon der **Transsibirischen Eisenbahn**, danach fuhren sie im Motorradsattel nach Deutschland zurück.

www.highlights-verlag.de